走进友邦

ZOUJINYOUBANG

陈玉新　编著

中国致公出版社

图书在版编目（CIP）数据

走进友邦 / 陈玉新编著. -- 北京：中国致公出版社，2020

ISBN 978-7-5145-1658-6

Ⅰ.①走… Ⅱ.①陈… Ⅲ.①保险公司—企业管理—研究—中国 Ⅳ.①F842.3

中国版本图书馆CIP数据核字（2020）第069079号

走进友邦 / 陈玉新 编著

出　　版	中国致公出版社
	（北京市朝阳区八里庄西里100号住邦2000大厦1号楼西区21层）
发　　行	中国致公出版社（010-66121708）
责任编辑	王福振
策划编辑	陈亚明
封面设计	金　帆
印　　刷	华睿林（天津）印刷有限公司
版　　次	2020年7月第1版
印　　次	2020年7月第1次印刷
开　　本	710mm×1000mm　1/16
印　　张	15.5
字　　数	213千字
书　　号	ISBN 978-7-5145-1658-6
定　　价	68.00元

（版权所有，盗版必究，举报电话：010-82259658）
（如发现印装质量问题，请寄本公司调换，电话：010-82259658）

序　言
走进百年友邦

2018年4月27日，中国银保监会宣布将外资人身险公司外方股比放宽到51%，3年后不再设限。中国金融业对外开放程度的扩大，意味着我国的保险行业将进入一个新的时代。

在中国保险行业的发展历史中，友邦保险公司是一个独特的存在，这不仅因为它是中国唯一的外商独资保险公司，更是因为其从1919年诞生至今的百年间，始终与中国有着割舍不断的紧密联系。

翻开友邦的百年发展史，我们会发现走过一个世纪风雨历程的它依然年轻。正如友邦保险集团在百年庆祝活动中所描述的那样，经过了一个世纪后，友邦"年轻了100岁"。

1919年，史戴先生在上海创立了这家保险公司，主要为中国人提供寿险服务，由此开启了友邦与中国的世纪之缘。

1992年，友邦成为改革开放后最早获发个人人身保险业务营业执照的非本土保险机构之一。直至今天，友邦仍然是唯一的在中国设有独资寿险分支机构的外国保险公司。

2019年，在促进京津冀保险业协同发展的相关政策指引下，友邦获批在天津市和河北省石家庄市开设营销服务部。这成为友邦自在上海、广东、深圳、北京、江苏等地建立分公司后，继续拓展中国市场的重要举措。

对于中国保险业来说，友邦的价值不仅仅在于它是中国保险发展史中的重要组成部分，更重要的是其为中国保险业带来了许多新的内容。这些新的内容不仅是友邦发展的源泉，更是中国保险业不断变革前进的动力。

1919年进入上海后，友邦为中国带来了寿险服务。当时中国的民族保险业虽然已经开始发展，但由于缺少对寿险服务系统的认知，中国并没有寿险服务。友邦不仅带来了国外的寿险服务，还结合中国的实际情况进行了探索改良，正因如此，友邦的寿险服务也成为中国寿险行业的典范。

1992年重回上海后，友邦为中国带来了保险代理人制度。作为现在中国保险销售的主要模式，保险代理人制度是中国保险业飞速发展的主要推动因素。直到今天，友邦依然在坚持打造高素质、高水平的保险代理人队伍。

除了为中国带来保险制度的革新外，友邦还为中国保险行业带来了新的管理方式和新的思维方式。

在重返中国后，友邦与国内多所知名大学合办了精算中心，对中国精算行业的发展做出了重要贡献。通过精算中心，友邦为中国培育了一大批专业的精算人才，这些精算人才中有很多人成为友邦的中流砥柱，成为精算行业以及保险行业中的佼佼者。

一家百年企业，需要在变与不变中做好权衡。在百年发展历程中，友邦既恪守本心，又应时而变。

将"诚信"作为始终恪守的经营准则，将"满足顾客的需求"作为企业价值实现的重要方式，这是友邦从未改变的地方。不断提升品牌价值，不断推出满足不同客户的保险产品，不断改善服务质量，这是友邦一直都在做的改变。

如今，走过了百年历史的友邦又开始朝着下一个百年目标奋进。在过去一百年间，它步履不停，始终陪伴在客户身边，与客户一同成长，一同追求美好生活。在接下来的一百年间，它会继续做保险行业的标杆，做客户每一刻的健康管理伙伴。

在"健康长久好生活"的企业价值理念中，友邦将继续为客户创造更好的下一刻。

目 录
CONTENTS

第一章 友邦创办始末

一战成名，虹口大火烧出来的名声 …………………………… 3

逐梦上海，典型的犹太人发迹史 ……………………………… 11

创建友邦 ………………………………………………………… 19

走出租界，要做就做纯中国企业 ……………………………… 28

第二章 友邦的悲欢离合

立足上海，走向世界的中国保险公司 ………………………… 37

与国休戚，友邦参与中国抗战 ………………………………… 41

心系故土，"漂泊海外"的异国游子 …………………………… 45

钦定接班人，友邦第二任掌门人 ……………………………… 51

友邦，那挥之不去的中国情结 ………………………………… 55

第三章　重返中国，友邦与改革开放同行

重返上海，改革开放后中国第一家外资保险公司 …………… 61

共同成长，友邦的保险代理人制度 …………………………… 67

南下北上，友邦的"大发展" …………………………………… 73

第四章　扛过逆境，经济寒冬中的坚持

扛过保险寒冬，友邦逆势增长 ………………………………… 81

扛过"非典"，友邦与中国同在 ………………………………… 87

扛过金融危机，艰难的上市之路 ……………………………… 92

扛过对手攻击，友邦因为强大而"招黑" ……………………… 99

扛过内部变动，打破"玻璃天花板" …………………………… 104

第五章　"中国梦"大时代下的新友邦

从"右眼看友邦"到"两眼都要看友邦" ……………………… 109

全新布局，新形势下的友邦 …………………………………… 114

十年发展，友邦向二三线城市进发 …………………………… 118

薪火相传，友邦人的时代记忆 ………………………………… 122

"2亿"大新闻，友邦人才战略的必然结果 …………………… 127

抗击新冠肺炎，友邦践行"保险保障" ………………………… 131

目 录

第六章　我们的事业：友邦精英团队

友邦保险上海分公司 ……………………………………… 137

友邦保险北京分公司 ……………………………………… 141

友邦保险广东分公司 ……………………………………… 145

友邦保险深圳分公司 ……………………………………… 149

友邦保险江苏分公司 ……………………………………… 153

友邦保险天津、石家庄营销部 …………………………… 157

第七章　客户永远是友邦最大的财富

中国客户不一样的地方 …………………………………… 163

实力给客户最好的保障 …………………………………… 167

客户至上，把问题想到客户前面 ………………………… 171

以诚感人，为客户创造惊喜 ……………………………… 175

和客户共同成长 …………………………………………… 179

第八章　友邦品牌，健康、长久、好生活

友邦公益，为爱而行动 …………………………………… 185

做好口碑，铸造友邦金字招牌 …………………………… 188

服务革新，让顾客享受精英服务 ………………………… 192

细节制胜，友邦人赢在每一个小细节上 ………………… 195

信誉第一，一脉相承的坚守 ·· 199

携手贝克汉姆，共话健康长久好生活 ······································ 203

第九章　友邦的企业文化

培养青年榜样 ·· 209

一流培训体系只为追求卓越 ·· 214

让奋斗者获得晋升阶梯 ··· 218

共同成长的双赢模式 ··· 222

提供易成功的创业平台 ··· 226

附　录

友邦保险大事记 ·· 230

第一章

友邦创办始末

一个来自美国底层的犹太青年,在20世纪20年代的上海,是通过怎样的奋斗,在5年里一跃成为享誉租界的保险大亨的?在这个名叫史戴的人的带领下,友邦是怎么从一家美国保险代理公司成长为中国保险业龙头企业的?而这个明明来自美国的外国人,又为什么执着于让自己和公司都中国化?在那个波诡云谲的时代,上海这个淘金者的天堂到底给了冒险者史戴怎样的机会?

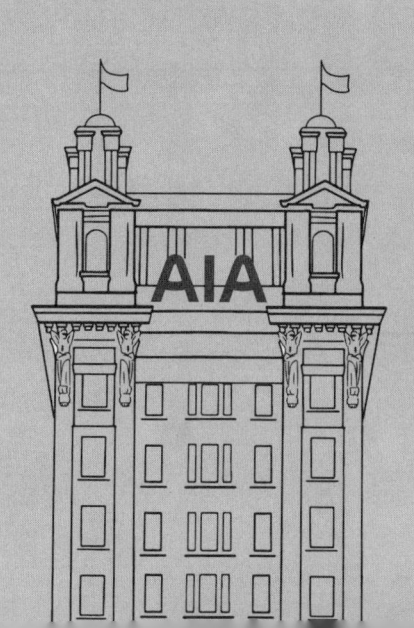

一战成名，虹口大火烧出来的名声

1920年夏天，上海虹口区，公共租界北苏州街。

午夜时分，热闹了一天的市区归于沉寂，溽热的大上海刚刚有一丝凉意，劳累了一天的市民正借着午夜这一丝凉风呼呼沉睡。

"咣！咣！咣！"

一阵急促的锣声传来，巨大的响声瞬间将人们从睡梦中惊醒。

"着火了！着火了！"敲锣人大喊，"豫康公记着火了！"

"豫康公记"这四个字如同炸雷一样，让很多人顿时慌张了起来。着火不可怕，但很多人怕豫康公记着火。

原来，豫康公记是上海市有名的一个大市场，市场主要以交易丝织原料为主，不但设有交易摊位，还有大量的仓库以备商家存储。而当时正值夏末，上好的蚕茧刚刚入库，是最容易起火的材料。如果大火真的蔓延到了仓库，那后果将不堪设想。

只见附近的住户纷纷涌向仓库，有些人慌张得连衣服鞋子都没有穿好，大家一边跑一边祈祷——仓库可千万不能有事。

然而，当住户们赶到仓库时，熊熊的大火已经蔓延开来。"全完了！一切都完了！"无数人在大火前号啕大哭，更有歇斯底里的人想冲进火海挽救最后一点蚕茧，被旁边清醒的人好歹抱住了……

20世纪20年代的大上海是中国最发达的城市，那里有中国当时最多的富商，也形成了真正的市民阶层。

一些上海市民在租界区跑单帮、做中介、开店铺、倒洋货，总而言之就

是想尽办法赚钱，很多人都借此一跃成为小资本家、小财主。然而，这些有钱人却丝毫没有抵御风险的能力，一场大火就足以让他们从富有变为赤贫。而现在，这场大火就降临在北苏州街豫康公记的业主们头上。

其实，上海租界里的这些有钱人并非没有意识到这一点，为了规避风险，商人们一开始成立了各种小型的行业公会，平时大家向公会捐一些会费，当遇到风险之后再向公会以借款的形式寻求帮助。

后来，随着保险在租界的出现，一些商人也为自己的财产购买了保险，以防出现意外之后无法补救。在当时，上海租界中的保险公司从事的全部都是保险代理，也就是洋人利用他们自身的便利，从欧美公司拿到代理权，然后再把保险卖给上海的客户们，这种纯中介性质的活动在当时被戏称为"洋人跑单帮"。

最早从事这种"洋人跑单帮"的是英国人，因为英国人对于船舶运输兴趣最大，所以中国最早的保险业也开始于上海船帮。当时，海船沉没、货物丢失的事情常有发生，从欧美舶来的保险也确实能起到一定的作用。就这样，英国人逐渐靠保险代理形成了一个稳定的行业。在这之后，保险扩展到其他商业领域，而就在一年之前，租界纺织业中的一些业主也购买了一些保险。

既然有保险，那就好办了！

然而，在豫康公记的熊熊大火之前，几乎没有业主真的将希望寄托在保险上面，原因是这么大的一场火，保险商号根本赔付不起！

凌晨，上海外滩，大火发生4个小时之后。

美亚保险办公室内，经理将公司各大账房紧急召集回来，让大家只做一件事——算清楚豫康公记在美亚投保的商户和投保的金额。

算盘噼里啪啦地响了起来。

又过去了2个小时，美亚总经理推门走了进来，从他风尘仆仆的样子能够看出，他也是一听到消息就赶回公司了。

"有没有结果？"这个名叫史戴的洋人问道。

"快了！快了！"中国经理回答说。

"有结果了！"一个人喊道，他把账本和算盘一起拿到了两个人的面前，"总价应该在1000万左右！"

"这么多！"连这个叫史戴的洋人都惊呆了，许久，整个办公室里没有一个人出声。

20年代的上海，经济异常繁荣，保险业也风生水起，早期保险业跑单帮的洋人也见势纷纷成立公司商号，一个个树起了自己的招牌。招牌虽然竖起来了，也不过是规模略大了一些，本质依然是代理欧美公司的保险。

在当时的上海，从跑单帮转型成为保险代理公司的有上百家之多，而这些公司因为机构简单，经常是小问题赔付，大问题一走了之，甚至也有在巨额的赔付面前寻找各种借口赖账不赔的，这也就是为什么豫康公记的商户没有寄希望于保险的原因——损失太大了，按照以往的惯例，保险公司是一定会耍赖的。

第二天，这个叫史戴的洋人把自己关在办公室里。只听见他的办公室里不断有电话打进打出，他一会儿在电话里大喊大叫，一会儿又无奈地叹息。与此同时，他也不断递出写好的条子派人出去发电报，派人收电报……

就这样，一天时间过去了，他仍然没有走出办公室。到晚上，中国经理过来敲门，站在他面前有些无奈地汇报说："西藏路的XX保险已经撤了，隔壁的XX保险已经请好了律师……咱们也要早点想好对策才行啊！"

这个叫史戴的洋人深深地叹了口气说："我们的对策是——按照契约赔付！"

"美亚保险要赔付豫康公记的火灾损失！"这条消息瞬间引爆了豫康公

记的商户，也引爆了上海商界的舆论。

然而，有很多人还是不信这个叫美亚的公司会做这种"傻事"，有些商户甚至觉得这是假消息，美亚将假消息放出来就是为了麻痹大家以便跑路。然而，当那些在美亚投保的商户真的接到去公司商讨赔付的邀请时，他们开始觉得这件事可能是真的了。

其实，当赔付金额刚刚算出来时，美亚的合作单位美国保险公会给它的指令就是撤出中国或者寻找借口拒绝赔付，然而这个"好意"被史戴拒绝了。

"我是这些人唯一的希望了！这些人选择了相信我，我不能让他们失望！"在这些电话和电报里，史戴不停地重复着这句话，任那些西方富商、保险巨子怎么样分析利弊，他也没有丝毫动摇。

一定要赔付！这就是史戴的决心。"这些商户对于你们这些人来说只是保单账本上的一个个数字，但对于我来说，他们是活生生的人，他们每一个人都有家庭，他们没有做错任何事，他们的命运也就不应该由你们这种高高在上的白人老爷决定！"史戴心中是这样想的，在电话里，他也是这样说的。

在美亚的办公室里，面对商户们一双双期盼的目光，史戴知道自己的决定是正确的。

他先是向商户们说出了目前的情况，然后聘请了专业的估价公司对商户的损失进行估算，最终得出的赔付金额与公司账房所算的相差不多。

面对如此大的赔付金额，史戴提出，会想尽办法先赔付一部分，为此他动用了公司所有的现金，并四处拜访银行、商号，挪借到大笔资金，最终先行赔付所有商户30%的损失。

这笔钱虽然不算多，却解决了大量商户的燃眉之急，将很多濒临崩溃的家庭从悬崖边挽救了回来。

在这场大火中，美亚是唯一对商户进行赔付的保险公司，这让美亚和史戴一夜之间名声大噪。很多商户在惊喜之余，也以之前购买了美亚的保险为荣；而另外一些人在忌妒之余，也不断地后悔叹息为什么自己当初没有选择信任美亚。

然而，做正确的事是要付出代价的。商户们获得美亚赔付款的时候，史戴的麻烦来了。

因为坚持要赔付豫康公记大火中受损的商户，美国保险公会被迫拿出大笔的赔偿金送到中国，史戴彻底得罪了他的上游客户，美国保险公会宣布与史戴断绝来往，并扬言要将史戴从这个行业中除名，让他再也找不到一家合作伙伴。

面对美国保险公会的报复，史戴和美亚将何去何从呢？在一般的小说情节里，英雄都是和恶势力顽抗到底，并最终战胜恶势力的。但现实毕竟不是小说，史戴即便是英雄，那也是后来的事情，而当时他不过是一家小保险代理公司的负责人，在这样的压力下，史戴只能选择妥协求和。

在美亚的办公室里，史戴将电报发给了每一个上游合作伙伴，不厌其烦地向他们解释自己行为的意义，并恳请他们原谅。但是，史戴得到的答复却是：

你本可以拒绝赔偿，关闭自己在上海的保险代理公司，然后再到别的地方开一家新公司就好了，根本没必要做"冤大头"。更过分的是，你不仅自己赔钱，还要拉着其他保险公司一同受罪，这不是愚蠢，而是犯罪。

就在史戴发电报的同时，打击接踵而至：美国保险公会报复性地中断了所有与美亚的合作，严禁会员公司与美亚展开合作，并煽动其他保险公司共同抵制美亚。更糟糕的事情还在后面，因为受到美国保险公会的打击，之前一些合作的银行和商会也纷纷对美亚关上了大门，在美国保险公会这尊大佛面前，他们毫不犹豫地放弃了美亚这艘小船。

美国不行还有欧洲，欧洲不行还有亚洲，史戴列出了在中国他能够接触到的保险企业，开始一家一家地拜访，然而他最终得到的却是一连串的闭门羹。没有人愿意与美亚合作。上海大火虽然让美亚赢得了口碑，但美亚没有自己的保险产品，如何开展业务呢？

万般无奈之下，史戴只能选择"负荆请罪"。他只身前往美国拜访保险公会，结果却吃了一连串的闭门羹。

看来美国保险公会这个"拦路虎"终究是扳不倒了，那么就只能绕道走。史戴转而在美国寻找其他合作伙伴，他一家家拜访保险公司，与对方洽谈合作。一开始，在得知史戴来自上海并且有丰富的保险经验时，这些公司都是非常愿意合作的，但是每当对方知道史戴就是美亚的经营者时，合作就变得不了了之了。在一而再、再而三的被拒绝后，史戴几乎已经到了放弃的边缘。

又一次空手而归后，史戴疲惫地躺在芝加哥的一个小旅馆里，他心中出现了放弃的想法，他觉得自己这样的行为只能是徒劳。

两年后，当史戴看着自己日益壮大的保险版图，他无比庆幸自己最终还是坚持住，没有放弃，大概也就是从这一刻起，他决定将"坚持"写入自己事业的基因当中。

回到两年前，在史戴正要放弃的时候，一次突然的邀约改变了他的命运。一家名为联邦保险的公司主动找到史戴，公司的大老板想亲眼见见这个让美国保险公会大动肝火的年轻人。

联邦保险找到史戴仅仅是因为好奇吗？当然不是！其实，在史戴寻找美国保险企业的同时，一些美国保险业巨头也在寻找公司在亚洲的代理人。不过不同于保险公会，这些企业在选择代理人上非常谨慎，因为在他们看来，亚洲的业务当然重要，但更重要的是公司的品牌和信誉。

当豫康公记大火事件发生之后，这些公司第一时间就获知了美亚信守承诺赔付保单的信息，他们意识到，史戴和史戴的美亚或许正是他们最合适的代理人。

生意场上，最靠谱的企业永远只与最靠谱的人合作，从古至今历来如此。

那么，为什么他们没有第一时间联系史戴呢？这又回归到了商业的本质，只有在史戴最走投无路的时候，史戴才会毫不犹豫地接受他们提出的合作条件。

所以，美亚遭受美国保险公会的抵制在他们的预料之中，史戴徒劳地奔波，他们也看在眼里，但就是不对史戴伸出援手。而现在到了史戴最绝望的时候，他们终于上门了。

在联邦保险的一间办公室里，史戴向这家公司的老板介绍了豫康公记火灾的情况，同时还说了自己四处碰壁的经历。

对方一边听故事，一边询问史戴的理想和计划。不仅如此，对方还为史戴分析了欧美保险业的现状和东亚保险市场的未来。

交谈的最后，对方决定将公司的保险业务在东亚的代理权交给史戴，并且答应再介绍其他保险企业与史戴合作，却要求史戴必须答应自己一个条件。就这样，史戴带着联邦保险的合同和一个特殊条件回到了中国，回到了上海。

回到上海的史戴立即在报纸上刊登广告，即日起，美亚保险再度营业，主营方向依然是之前的业务——火险。美亚承保火险的广告一经发出，瞬间传遍了整个上海滩，从第二天下午开始，美亚的办公地外便排起了长龙，很多已经在其他公司投保火险的商户，甚至放弃保单转而选择美亚。相比于在美国的四处碰壁，史戴在上海简直获得了英雄般的礼遇。

火险大卖，让美亚赚足了名声之外，也有了大量的现金流。接下来该怎么做？史戴宣布美亚将增加险种。

在此后的一年时间里，美亚顺势推出了许多不同的保险种类，小到个人旅行的暴风雨险，大到海外长途运输的货物保险，只要是保险能够涉足的领域美亚都可以承保。甚至是一些没有什么利润可赚、其他保险公司不愿意涉及的险种，在美亚的保险业务品类中都可以找得到。

这样一段时间之后，美亚的一些伙计开始疑惑了，明明不赚钱，史戴为什么要做这些别人都看不上的买卖呢？这些问题他们没有问过，史戴也没有过多解释。只是一如既往地增加保险门类，甚至在某些领域将保险当作公益去做。

让我们将时间倒回到一年前，其实，当初联邦保险对史戴的特殊要求就是，美亚不要在短时间内实现盈利，他们不允许美亚赚大钱，而是将钱投到更多的保险领域，在中国，乃至亚洲树立起代表美国保险业的标杆。

这些人有这些人的愿望，史戴也有史戴的想法，虽然美亚做保险代理已经获得了成功，但史戴绝不甘心于此，他想要美亚成为一家真正独立的保险公司，创立属于自己的保险品牌。

当俯视美亚的保险版图时，史戴发现，无论是火险还是其他险种，美亚此时代理的保险多以事故保险为主，而有一种保险他并没有代理。那么，能否在这个险种上开辟出一片属于自己的天地呢？想到这里，史戴将目光投向了从未在中国出现的寿险领域。由此，美亚的另一个故事——友邦传奇才真正拉开了序幕。

逐梦上海，典型的犹太人发迹史

为什么史戴在已经获得成功之后，仍然要继续奋斗呢？这要从史戴这个人的性格说起。所以，在开始了解友邦传奇之前，让我们先来看一看史戴是怎样一步步走向成功的。

1911年的一个夏日，美国加利福尼亚州，一个20岁的美国小伙儿正忙碌在自己的冰激凌店中，似火的骄阳与嘶鸣的蝉声扰得他心烦意乱。这正是冰激凌的热销季，在烈日的炙烤下，小店的生意近日来也红火了不少。开店小伙儿就是史戴。

1892年10月15日，史戴出生于加州布拉格堡镇的一个犹太家庭。现在的布拉格堡以天然成形的玻璃海滩闻名于世，但在史戴那个年代，美丽的玻璃海滩还只是一处荒滩，破落的样子与史戴的家庭几乎一样。

史戴的父亲是一位荷兰籍铁路工程师，他在史戴两岁时便去世了。父亲去世后，史戴的母亲只得依靠一家很小的寄宿旅馆来维持自己与三个儿子的生活开销，这也意味着家里并没有多余的钱供史戴去上学读书。

父亲虽然没有留给史戴任何遗产，却将犹太人自强不息的奋斗精神及卓越的商业智慧遗传给了儿子。

年幼的史戴早早出去打工，他先是找到一份包雪茄的工作，继而又找到打扫卫生和守门人的工作，这些工作并不需要什么学问，当然，报酬也不会太高。

18岁那年，史戴成功考入加州大学伯克利分校。重新获得求学机会的他非常珍惜在课堂上学习的美好时光，但这种美好仅仅持续了一个学期，第二学期史戴便因为交不出学费而离开了大学。

离开大学之后，史戴开了这家小冰激凌店，虽然这个店铺非常成功，但史戴觉得自己不能这样守着这家冰激凌店过一辈子，他体内流淌的经商血液在躁动着。

史戴不知道的是，当他正在加利福尼亚的冰激凌店里为自己的未来苦苦思索的时候，他的犹太同胞正在遥远的东方经营着一件大事，而这件大事也将和他的命运紧紧地联系在一起。

1911年10月10日夜，湖北武昌新军第八营营房，一声清脆的枪响传来，整个中国都震动了。两个月之后的12月25日，正值西方圣诞节，在一派欢快气氛的上海公共租界，一个名为"爱俪园"的庄园里正聚集着一群人，他们在焦急地等待着。

此时，上海吴淞口码头，英国商船"地湾夏"号缓缓靠岸，等待迎接的人群中有一伙人，为首的人神情肃穆、沉默不语，双眼紧紧地盯着船舷，这个人是民国著名革命家、建筑家、佛学家黄宗仰，他还有另一个身份，上海犹太大亨哈同的私人顾问。

今天，他奉哈同所请，来吴淞口码头迎接一个人。对于这个人，哈同不仅特地请黄宗仰去迎接，还派出了自己的私人卫队保护其安全，并腾出了自己的庄园作为其下榻之所。这个人的名字叫孙逸仙，也就是中国人熟知的孙中山先生。

当晚，孙中山就住在了哈同安排的爱俪园，并在那里见到了自己的革命同仁黄兴、伍廷芳、陈其美、汪精卫等。此后的几日，孙中山先生外出由黄兴等人陪同，回爱俪园则由哈同宴请。我们能够想到，除了对孙先生的恭维之外，哈同也一定在宴席上与孙先生讨论过中国的未来。一日，宴会中消息传来，孙中山先生被选举为中华民国临时大总统，哈同等人立即起身，重新对孙先生行元首礼，随后礼送孙先生赴南京就职……

送走孙中山先生的几个月之后，一封电报从南京打来，已经成立的南京临时政府正面临严重的财政危机，南京政府的运作要钱，前方革命军要军饷，赈济南方灾民也要钱，南京政府库中银圆告罄，无奈之下只能求助于上海犹太财团。

面对孙先生的请求，哈同一方面帮助国民政府联系银行财团，一方面又以犹太商团的名义捐赠出数十万银圆，哈同的慷慨解囊不失为对南京政府的雪中送炭，而犹太商团也由此给民国政要留下了深刻的印象。

一个上海滩犹太人，能够在辛亥革命这种影响中国历史的重大事件中有所涉足，除了让人感慨犹太人聚敛和使用财富的能力，也不能不让人惊叹犹太人对政治和时局的敏感。

就在哈同等犹太商人为民国政府奔走凑款之际，史戴也完成了自己的人生转变，他将自己的冰激凌小店以1000美元的价格转手，然后进入了一个非常让人看好的领域——保险。

在史戴还没有从事保险经营的时候，他就已经看到了保险行业的发展潜力。那时候，他像着了魔一样疯狂地学习保险行业相关知识，与朋友聊天也是三句两句不离保险。"干这个能发大财！"带着这种想法，史戴把家搬到了旧金山，并在太平洋海岸灾害保险公司找到了一份兼职销售的工作。

美国保险行业最早可以追溯到1752年本杰明·富兰克林成立的费城互助联盟，当时的费城是美国第一大城市，人口众多且居民多居住在木结构房屋之中，这使得火灾保险成为人们最为迫切需要的一种保障，美国的商业保险由此诞生。

当史戴一头扎进保险领域时，美国的保险行业已经发展成熟了。至少对史戴这个后来者来说，美国市场这块大蛋糕，留给他的部分已经没多少了。

但既然坚定了方向，就要一往无前。在旧金山，史戴白天做汽车保险推销，晚上准备律师资格考试。身心上的煎熬并没有磨去他的斗志，在经历了无数个这样的日日夜夜后，史戴交出了一份堪称完美的成绩单，史戴以加利福尼亚州第二名的成绩通过考试，并获得律师执照。而在保险推销工作上，他也找到了门道，在一辆一辆新车中找到了保险买家。

按照这种发展趋势，史戴既可以选择依靠律师执照进入法律行业，从此摆脱过去的生活；他也可以选择继续做好保险销售工作，争取向上谋个更好的职位。但这两条路，倔强的史戴都不愿意选择，他选择了另外一条不可预知未来的、更具挑战性的道路。

通过朋友的帮助，史戴创建了自己的第一家保险经纪公司——希姆黛西，然后凭借自己在以往工作中积累的经验与人脉，史戴将公司顺利地运营了起来。

但正如前面提到的一样，美国的保险市场已经发展得足够成熟，史戴这样一个半路出家的年轻人，想要与那些资本大鳄们斗法显然是不切实际的。

在经营保险公司的几年时间里，史戴的头脑里再次出现了自己在冰激凌店中的困惑，他已经意识到了自己在美国保险市场上的困境，但对于如何摆脱困境更上一层楼，并没有想法。就在此时，"一战"爆发了。

像那个时代很多的年轻人一样，史戴卖掉了自己的经纪公司，应征入伍，成为一名战士。

卖掉保险公司的史戴看上去要与"不挣钱"的保险业务说再见了，但实际上，聪明的犹太人在做一件事的时候，心理盘算的很可能就是另外一件事。

他之所以报名参军，一方面是响应战争的号召，另一方面，史戴也有他自己的打算，他决定借着随军出征的机会，前往世界其他地区的市场去寻找机会。放眼当时的世界，欧洲保险业的发达程度要远超美国，非洲地区的发展程度又大大落后于世界，这就使得东方成为史戴的唯一目标。

参军入伍就能够获得海外作战的机会，这样史戴便可以亲自去考察一下东方的市场究竟是什么样的，知道结果后，他心中的困惑也就容易解开了。但这一切只是史戴为自己设定的路线，现实却并不打算让他走得这样顺利。

不过，进入军队的史戴并没有获得海外作战的机会，暂别了保险业务的他，除了每日不停地训练外，并没有其他工作要做。即使在这段艰苦的训练生涯中，他依然不想让自己的商业头脑搁置下来生锈，在一些别人注意不到的地方，他为自己找到了一个新的营生。

当时军队中士兵们的制服会在成批整理之后，统一送到较近的洗衣店去清洗。越是离军队驻地近的洗衣店，收取的洗衣费也越贵。了解到这一情况后，史戴跑到离军队驻地较远的一家洗衣店，跟店主谈妥了一个相对较低的洗衣费用，随后又雇佣一台货车，来定期取送士兵们的制服。

这种改变让史戴每个月可以获得至少 400 美元的收入，这使得他作为一名普通士兵的月收入超过了一位上校的收入。虽然在军队中找到了一个赚外快的营生，但史戴并没有打算长久这样下去，既然没有通过海外作战去东方的机会，他就要寻找新的机会。

1918 年，史戴从军队退伍，为了实现去东方的梦想，他为自己争取到了太平洋邮递公司的外派机会。他的新工作地点在日本横滨，那正是他一直期待的东方。

虽然史戴一心要去东方"淘金"，但究竟去东方的哪里，他也没有一个确切的概念，索性就先走一步看一步，先去碰碰机会再说。然而很多时候，这种"碰机会"的心理在第一次展开行动后，往往会让人立即遭到现实的打击，史戴的第一次东方之旅就是如此。

在不到半年的工作时间里，史戴被经理每天呼来唤去，这让他觉得自己不是在为自己工作，而是在为别人打工。在大多数人看来，这两种状态似乎并没有什么不同，但对于史戴来说，一个优秀的领导要让员工感到温情，一份正式的工作要让员工获得尊严。而在这份工作中，他既没有感受到温情，也没有获得尊严。

史戴曾经尝试着对经理表达过自己的感受，但经理似乎并不认为自己的做法有什么问题。道不同不相为谋，史戴知道自己根本无法与这种人共事，他愤懑地提出了辞职。

因为工作中的不快，史戴连同对日本这个国家也产生了不满，愤懑辞职的他一刻都没有停歇，立即踏上了离开日本的汽船。此时，陪伴他的只有一个轻飘飘的皮箱及口袋里的300日元。

他的下一个目的地是与日本横滨相隔并不算太远的中国上海，在他的心中，这个古老的东方国家或许会给他一些温暖，毕竟，那里有大批他的犹太同胞，这些人当中或许有可以帮助自己的贵人。

史戴到达上海的时间是1919年。此时，上海滩的首富是犹太人沙逊，上海滩持有地产最多的是犹太人哈同，而上海金融界大佬则是犹太人列文，值得一提的是，这位金融大佬不仅是史戴的犹太同胞，还是他的加州同乡。

为什么犹太人能够在上海取得这样的成就呢？这还要从上海最早开埠说起。19世纪中叶上海成为通商口岸之后，第一批到来的是英国人，他们多是外交官、传教士和商人，而在商人中有一大部分就是犹太人。

当时，中东大部分地区都在英国的管辖范围之内，那时的犹太人自然也就成了英国殖民地的公民。犹太人天性善于营商，所以当英国人获得上海通商权益之后，犹太人自然就乘着东风随之而来。

今天，我们行走在上海外滩，可以看到南京路路口有一栋十分出色的欧洲风格建筑，那就是享誉中外的和平饭店，而和平饭店的前身就是犹太商人沙逊在20世纪投资建设的沙逊大厦。

大卫·沙逊，这位来自英辖巴格达的犹太人后裔，在上海获得了巨大的商业成功，并间接地建设了上海。到20世纪初，上海已经成为西方人眼中的"东方巴黎"，这当中犹太人有一定功劳。

在上海，犹太商帮做贸易、开工厂、组船队、建学校，在建设上海的同时，也逐渐成为这座"东方巴黎"中最具有影响力的商人团体。而让犹太商人的经济地位上升到政治地位的，则是上海的一个独特机构——工部局。

在无数描写旧上海的影视作品中，我们都能看到工部局这样一个机构，往往是一件大事闹起来，最后由一位工部局董事出面摆平。董事出面之后，所有巡捕、黑帮都要给面子，仿佛工部局可以将他们的生死掌握在股掌之中一样。

公共租界工部局成立于1854年，一开始只是租界的自治组织，负责协调租界内的建设事务，如下水道的铺设、道路的整修等，后来随着中国局势的混乱，苏、锡、常地区涌入租界的人口变多，工部局便开始负责警务、防火、卫生等多项事务，最后逐渐演变成为公共租界的常设管理机构，管理租界内一切事务，成为租界实际上的领导机构。

1870年之后，公共租界工部局设立9名董事成为定制，这9名董事中英国人始终占大多数席位，美国人通常占1-2席，德国人1席。而英国的工部局董事中，又往往至少有一名犹太人，例如沙逊、哈同都曾担任过工部局董事。

1911年，辛亥革命中严守中立，之后向孙中山先生及革命政府提供资金支持，都是出自工部局的讨论与决策。

有这样有钱又有势的同胞，犹太人成批地来到上海发展就是理所当然的事情了，而史戴就是他们当中杰出的一个。

在上海，第一位向史戴伸出援手的就是他的同胞兼同乡列文，因为在金融业的关系，列文对保险知之甚深，在得知史戴想要在保险领域发展之后，列文立即为史戴联系好了一家与自己有关系的商号，让史戴在这家保险商号中跑业务。

几个月之后，当史戴提出想自立门户之后，又是列文对他慷慨解囊，给了他创办美亚保险的原始资本。

然而，正当史戴想大展宏图的时候，一场虹口大火打乱了他的计划，刚刚创办一年时间的美亚就面临巨额赔偿，而赔偿之后又被美国保险公会针对。

史戴的跟斗一个接着一个，而对于史戴的难处，列文除了提供一些资金支持之外，其余也是爱莫能助。

终于，史戴依靠自己的坚持挺过了困境，并带领美亚打开了新的局面，作为领路人的列文也为他感到高兴。在一次聊天中，史戴向列文提出了自己的新想法。

史戴说："美亚保险说到底仍然是一家保险代理公司，仍然需要仰人鼻息，我想要开发自己的保险产品，这样才能把命运掌握在自己手中！"

列文很赞同史戴的勇气和想法："你的想法很好，但在现在的上海，保险产品几乎都来自美国和英国，他们有成熟的产品设计和雄厚的资金，你要怎么样从他们手里抢夺市场呢？"

史戴坚定地说："我不需要抢夺他们的市场，我要做一个他们没有做过的全新领域！"

"是什么？"列文问道。

"寿险，人寿保险！我要成立一家新的公司专门做人寿保险！"史戴憧憬着回答说。

创建友邦

1921年夏天，上海外滩美亚保险办公室内，一块友邦的牌子被悄然搬了进来。一个月前，在犹太同胞列文的支持下，史戴创办了属于自己的人寿保险公司——友邦保险。

当史戴为自己的事业再上新的台阶而高兴的时候，他绝对想不到，友邦的这一小步在未来却成了改变中国保险业甚至中国社会的大事。

"史戴创立了另一个公司主做人寿保险。"史戴和列文先在小范围内把消息散播了出去，结果很快就迎来了咨询和反馈，这让史戴觉得自己的路走对了。

为什么人寿保险能够获得欢迎呢？这其实与西方人的生活习惯有关。

1693年，英国皇家科学院，皇家院士、格林尼治天文台台长埃蒙德·哈雷上交了一篇论文，在论文中，这位与牛顿齐名的天文学家、数学家精确标示了每个年龄的人的死亡率。当时，哈雷只是将这篇论文看作是个人爱好的一次小总结。然而，令哈雷没有想到的是，这篇论文居然最终触发了人类金融历史上最重要的事件之一——人寿保险借此诞生了。

从人寿保险诞生的这个小故事我们就可以看出，人寿保险本身就是和对生死的研究联系在一起的。与中国人忌讳谈论死亡不同，西方人对于死亡的看法则相对客观，即便在史戴那个时代，很多西方人也能够冷静看待和思考死亡，因而自然就需要诸如人寿保险之类的服务。

既然有人询问，那么索性就公开推广吧！于是，史戴便带领手下业务员开始在犹太同胞中推广友邦保险。

1921年时，在上海生活的犹太人已经接近6万人，犹太商人在上海的经济实力有增无减。犹太人多是商人阶层，他们消费能力较强，自然更能接受友邦的产品，且犹太人彼此之间联系紧密，获得了一个犹太商人客户，就等于是获得了其背后的影响力，而打开一张关系网，就可以获得少则数十多则数千的潜在客户。

以哈同家族为例，哈同虽然无子嗣，却收养了22个孩子，再加上家中比较有地位的管家、佣人，家族的朋友、合作伙伴等，其整个关系网可以扩散到近千人。

就这样，友邦在史戴的努力下迅速在犹太商团中创下了名头，在此期间，史戴更是在列文的帮助下结识了哈同等犹太大佬，友邦的辉煌指日可待。

但高兴之余，史戴反问自己，难道友邦只能在犹太人或者欧美人中拓展业务吗？这是在中国的土地上，难道中国人就不能成为友邦的客户吗？

为什么在上海卖人寿保险，不能把寿险卖给中国人呢？这并非欧美保险业者的歧视，而是一个让当时的中国人无比尴尬的问题。这一点，我们只要看一看助手为史戴整理的资料就明白了。

17世纪，欧美的人平均寿命为26岁。
18世纪，欧美的人平均寿命为34岁。
19世纪，欧美的人平均寿命为42岁。
20世纪最初十年，欧美的人均寿命为51岁。
与此同时。中国人的平均寿命是：
17世纪，平均寿命26岁。
18世纪，平均寿命28岁。
19世纪，平均寿命33岁。
20世纪最初十年，平均寿命34岁。

这样的平均寿命和健康状况，就难怪人寿保险要面临着走不出上海、走不出洋人的窘境。甚至几个月之后，其他一些保险商会看到友邦保险公司售卖人寿保险之后，也转而学习售卖人寿保险，但面对的客户也只有洋人。

在中国的土地上，却不能卖给中国人，这无论如何是不行的，史戴对自己说"一定要努力去尝试"。

为了说服公司其他人和自己一起尝试，史戴找来了民国成立之后政府颁布的各种健康政策，并召集下属们开了个会。他的结论是中国人一定会迎来新的健康时代，中国人的人均寿命一定会大幅度提升，而一马当先的就是上海、北平（北京）这样的大城市。

"1913年，政府颁布禁烟条例；1915年，政府成立卫生机构；1918年，政府再次重申禁烟……中国人的寿命和健康水平也会大幅度提升的！"史戴大声地冲身边的下属们喊道，"我们要在中国做人寿保险！"

下属们不置可否地点了点头："那很好啊！"

"我们要做中国人的人寿保险！"史戴摇头大叫。

下属们耸了耸肩，说："如您所愿！"

从会议的场景可以看得出，在当时友邦的大多数人对于史戴的想法都是不以为然的。但在史戴的坚持下，大家还是勉强让史戴去尝试一下，于是，我们就看到了这样一幕。

一个秋日的上午，美亚公司的办公室外，一块友邦的牌子挂了出去，友邦保险公司正式成立了。

在成立仪式现场，一位记者问到："史戴先生，公司名称为什么要取名友邦呢？是贵公司向我国同胞示好的意思吗？"

史戴摇了摇头："确实是示好的意思，不过不是你国同胞，是我们的同胞，友邦是一家中国公司，友邦的意思是国民之友、共建家邦的意思，而不

走进友邦

是外国来了一个友邦！"

史戴的话引来了现场阵阵的掌声和叫好声。

其实，上面这段话史戴在下面已经不知练习了多少次了，他中文虽说得磕磕巴巴，却非常懂得中国人的心思。果不其然，他和中国秘书商量好的这段话顿时迎来了满堂彩。

话讲得虽然漂亮，但友邦保险能否在华人群体中推广出去，还要看实际的行动。怎样去赢得华人的青睐呢？史戴做了这样两件事。

第一件，走本土化路线，用中国人的思维打动中国人。

史戴亲自设计了友邦保险的标志，他将喜马拉雅山的图案与"寿比南山"的文字相结合，表现出人寿保险可以保障人们福如东海、寿比南山，更是贴合了中国人的传统。

之后，为了更好地宣传推广公司的寿险业务，史戴更是多次亲自前往上海各华人商会向中国同胞介绍友邦的寿险服务。穿着西方标准服装的史戴与穿着中式长袍的顾客交谈的照片，成为当时友邦保险公司的经典宣传照。

第二件，走上层路线，引入华人高管。

上海绅士潘学安本是华资中国第一信用保险股份有限公司总经理，在上海保险界的地位举足轻重，史戴亲自上门拜访将他请进了董事局。

马士奇是上海工商界重要人物，在银行业有很深的根基，史戴三次拜访终于得到了他加入董事局的首肯。

这种上层路线给友邦打开了一条快速通道，也让友邦很快赢得了上海租界里面中国商人的信任，在潘学安、马士奇等人的推广下，友邦公司的华人保单纷至沓来。

夏天的时候，人们看到的场景是：一位西装革履的洋人走进办公室，"我需要一个保险业务员，给我介绍一下你们最新推出的寿险！我是在招商俱乐部看到你们的广告的！"一个业务员应声站起来，"您这边请，喝杯咖啡慢慢聊！"

冬天的时候，人们看到的场景是：一位身穿长衫的华人走入办公室，"有没有人？我是汉壁礼爵士介绍来的，昨天他在宴会上特意提到了你们，我需要你们也给我一份人寿保险！"

华人的到来给史戴以极大的兴奋，就这样，一传十、十传百，广告效应和口碑传播同时促进了友邦在上海租界中的业务，史戴就这样在犹太同胞和华人上层的帮助下让友邦人寿在上海站稳了脚跟，他成了名副其实的租界人寿保险大王。

此后的三年时间里，史戴不断壮大着友邦的团队，并进一步巩固上海的市场。到1924年，友邦人寿保险已经逐渐在上海公共租界内建立起了不可动摇的信誉和口碑，在史戴看来，现在终于是时候走出公共租界尝试着去中国更广阔的地方拓展市场了。

1924年，北京的国民政府正在为内阁和议会斗争而闹得不可开交，大总统曹锟一气之下发布议员改选令；南京的革命政府也正在为禁烟风波而乱作一团，孙中山先生正在筹备黄埔军校……中国的政局虽然风雨飘摇，但民间的经济却在蓬勃发展。

当时，北方的奉天创办了中国人第一个成规模大型钢铁企业，南方的广州纺纱厂也此起彼伏地出现，经济发展直接带来的就是城市规模的扩大，当时上海市人口突破了300万，成为中国第一大都市，而广州人口也突破了100万，紧随其后的还有青岛、天津、汉口、北平……政客们打作一团，军阀们彼此扰乱，商人们却在大步向前。

在如此经济形势下，友邦保险将战略从上海租界调整向全国可以说是非常明智的。那么，第一步该迈向哪里呢？史戴定下了这样几座城市：天津、汉口、广州、青岛和苏州。为什么先从这些地方开始呢？这其实是有玄机的。

看过电视剧《大染坊》的读者应该记得这部电视剧的故事背景,那是在民国时期的青岛,而故事中的一个细节也值得玩味,卢家长子卢家驹是在德国留的学。

民国早期的商业城市多是清朝时的通商口岸或租借地,因为这些地区虽然有外国的入侵,但也是外国资本最先进入中国的地域,外国资本的发展也在客观上带动了中国商业的发展。

1903年,青岛德国租借地,一块写着"日耳曼啤酒"的牌子立了起来,这家募集资本为40万银圆的啤酒企业是由英国人和德国人合资兴建的,而建设这家啤酒厂的时候,大多数中国人都不知道啤酒是何物。

1916年,青岛,日耳曼啤酒厂的德国酿酒师被一伙穿着黑西服的小个子监视着离开了厂区,日本人入驻了。这一年,德国在欧洲陷入苦战,无暇东顾,强盛起来的日本人借机巧取豪夺,以50万银圆的价格就将日耳曼啤酒厂收入囊中,而此时的青岛,一些百姓也在德国人的带领下开了洋荤,慢慢习惯了啤酒这种新鲜事物。

1925年,日本人治下的啤酒厂生意越发红火,"札幌""福寿"等啤酒驰名中外,当时的工厂内中国和日本工人加在一起总计接近200人。而此时,青岛等地也相继诞生了一些中国小型啤酒厂,甚至出现了如"怡和啤酒"这种可以与日本品牌抗衡的中国本土啤酒品牌。

小到啤酒、香肠,大到冶金、造船,民国时期租界口岸中国商业的发展,让无数人看到了商机,也诞生了越来越庞大的富裕和中产阶层。而人寿保险的主要客户,又正是这两个阶层。正是看中了这一点,史戴立即做出规划——兵出东南,溯江而上,分别在广州和汉口设立办事处。一年以后,他又将办事处开到了天津、苏州、青岛等地。

史戴这个选择是有他的道理的,在当时史戴的办公桌上,有一张关于中国租界和工商业的分布表，这个表格的内容大致是这样的：

天津：英租界、意大利租界、日租界、德租界（兼并）、法租界、奥匈租界（兼并）；

汉口：英租界、德租界（兼并）、法租界、俄租界（取消）、意大利租界；

青岛：日本占领；

广州：英租界、法租界；

苏州：日租界；

杭州：日租界；

重庆：日租界；

厦门：英租界、九国租界；

九江：英租界。

这张关于租界的表格可以说是旧中国屈辱的历史，但在那个时代，这张表格却又是一张商业地图，史戴就是靠它清楚地了解到中国商业地域人群信息的。

例如苏州，当时聚集着中国仅次于上海的纺织业商人，从纺织业展开向上下游发展，生丝户、丝绸商人、棉麻商人、制衣从业者……这些人在苏州形成了集群，因此只要仔细研究这群人的生活习惯、共同喜好甚至圈子文化，就能够寻找到推销人寿保险的突破口。

不过，史戴自己也明白，他能够制定政策，但真正卖保险还得靠中国人。好在经过这几年的发展，友邦已经在上海延揽了足够多的保险人才。

此后的一年时间里，友邦的保险业务员被派往中国各地组建办事处和分公司，意图将友邦人寿推向全国。然而，一年时间过去了，资金像流水一样流出去，预期的保险订单却没有来。难道是上海的经验不适用于全国？百

走进友邦

思不得其解的史戴收拾行囊奔赴中国各地，他想亲自去看一看究竟是哪里出了错。

一番调查之后，史戴终于搞清楚了问题的所在，不是上海的经验在全国水土不服，而是人。史戴从上海派出去的员工，虽然在上海是保险业务员，到了各地却成了大老爷，很少能够因地制宜地开展业务。

既然已经知道问题所在，史戴于是开始开展友邦的本地化运动，他四处寻找在上海的外地人，将他们延揽进入公司，经过训练之后再派回到地方去开拓市场。

而且，史戴还特别注重中国人的地域文化，北方人和南方人不同，江浙人和两广人不同，湖北人和湖南人不同。史戴以此为基础，给予地方业务员极大的自由，让他们采取各自的方法，围绕本地关系和需求推广友邦人寿保险。

在此后的一段时间里，我们经常能够看到这样的场景。

经理拿着一封电报跑到史戴的办公室，电报上写着：
津事佳，速汇两千元公费，马。
这封电报的意思是：天津业务很好，请速速汇款2000元做办公费用。
收到电报，史戴毫不犹豫吩咐账房向天津汇去2000元。
铃！铃！铃！——电话铃声响起。
"经理，苏州的业务开展得很好，我们的业务员不够了，我们想再招三个伙计，每个伙计月钱十二块大洋，请您批准！"
"好！好！没有问题！苏州的事情你们自己决定！"史戴操着一口流利的中文回答。

当时，友邦的业务开展得非常好，从南到北各个办事处都在扩张，每天现金如流水一样花出去，保单也像雪片一样飞来，友邦业务做大了！

面对如火如荼的业务开展，有些人却劝史戴要小心，不要给业务员太大的权力。史戴却不这样想，他了解中国有句古话"疑人不用，用人不疑"，既然选择让业务员去开拓，就要对业务员绝对放权，不能横加干涉。尤其是在钱上面，更要给业务员最大的支持，因为只有这样，业务员在客户面前说话的底气才硬，才有可能代表友邦去拿下客户。

正是在史戴这种管理理念下，友邦一年一个台阶地飞速发展。短短几年时间，友邦保险在广州、天津、汉口等地陆续将办事处提升为分公司，并设立全权分公司经理以管理业务。而在没有分公司的地区，友邦则设立了代理处来继续推广人寿保险业务。

更加关键的是，因为友邦的寿险在中国铺开，很多中国人的思想意识也发生了转变。在之前，很多忌讳谈生死的中国人连遗嘱都不愿意订立，随着友邦保险帮他们认识到人寿和健康的重要性，也让他们的生死观有了强烈的转变，很多租界里的中国富人开始订立遗嘱。当这些富人走出租界之后，这种先进的观念也随同走出了租界，甚至农村保守的地主也慢慢意识到了遗嘱的重要性。最终，有关立法机构在这场大的思想转变下还专门完善了遗嘱相关法律。友邦保险，就这样用商业的模式潜移默化地改变了中国。

友邦一日一日壮大起来，史戴也逐渐成为上海乃至中国金融界举足轻重的人物。在军阀混战的旧中国，史戴甚至成了一些地方实权势力的座上宾，俨然已经和他的同胞沙逊、哈同一样成了名副其实的大亨。但此时，名利双收的史戴还有一个更加雄心勃勃的梦想，他想走出租界，让友邦成为一个真正的中国公司。

走出租界，要做就做纯中国企业

1925 年，上海的一场酒会上，灯火璀璨的宴会厅里，保险大亨史戴正在与上海名流们觥筹交错。

现在的史戴再也不是早年那个潦倒的犹太小伙子了，他衣着得体，出席上海租界里各种上流聚会，每每成为人们称赞的焦点。史戴很享受这种角色的转变，也发自内心地感激中国这个让他变得富有的国家。

"史戴先生，我们中国应该感谢有您这样的国际友人，来发展我们的保险业！"一位华人绅士当面恭维道。这种话最近一段时间史戴听了很多，但每每听到时，史戴的内心总是有一种莫名的酸楚。

千百年来，犹太人都是以四海为家，到一个地方就在一个地方扎根繁衍。史戴的父亲出生在荷兰，最终却把家安在了美国。史戴虽然在美国出生，难道他就不能成为中国人吗？

史戴原本希望像父亲一样，在中国立业就让自己变成中国人，但经过长时间的观察他发现，这个古老的东方国家有自己固执且顽强的标准，自己这个洋人是永远不会被中国人视为自己人的。

既然做不了中国人，那么至少让友邦保险成为堂堂正正的中国公司。每当想到自己尴尬的身份时，史戴就暗下决心，一定要把友邦保险建设成为真正的中国企业。

要想做一家真正的中国企业，首先就应该走出租界。当时的友邦保险虽然已经在华人中获得了不错的影响力，但友邦保险的市场还仅限于租界，对于租界外更广阔的中国市场，友邦保险并没有涉及。

那么，友邦保险如何才能走出租界呢？

是到全国去开办代理点吗？中国那么大，这样做无疑是不可能的！

那么在每个省开设一个分部呢？这也是不行的！

做广告让全中国人都知晓吗？要知道民国初年连电台都还没有普及，报纸更是只限于大城市，没有一家媒体能够覆盖全中国，广告无疑也是行不通的！

到底应该怎么做呢？史戴想出了一个特别巧妙的办法。在这个办法上，犹太人的聪明和"狡猾"显露无遗。

1925 年，北京的一份报纸上印出了这样一则广告，广告商户为上海友邦人寿保险，广告内容是"为帮助学生学业，友邦保险公司特设立广告兼职助学金和奖学金，助学金发给兼职为友邦推销广告的学生，奖学金发给推销广告成绩卓越的学生……"

在这则广告内，友邦保险明确表示，愿意以数百元作为奖学金，以奖励京津地区学校中为公司推销广告、延揽客户最多的暑期兼职学生。

仅仅这么一个奖学金，就能帮史戴把友邦保险推向全中国吗？这正是史戴聪明的地方。

要知道，在 1925 年的中国，读书虽然不是一件稀罕事，但是需要家底支撑。如果说读小学只需要一般人家的话，那么读中学就至少需要富裕的家庭了，而能够读大学的孩子，即便不是出身于豪富，也至少是地主、乡绅、书香门第。

这就导致了这样一种现象，即京津地区的中学学生多来自周边的富裕家庭，而大学学生则来自全国的富裕家庭，一个广告在学生中散播开来，就等于散播到了全中国的富裕家庭中。当时正巧又赶上暑假，学生从京津回到各自的家乡，自然也就把友邦保险的信息带回了家乡。用最简单的信息载体，将信息以最廉价的形式扩散出去，这就是史戴的聪明之处。

那么，史戴怎么能够保证学生们一定会帮他宣传呢？这便是史戴的"狡猾"之处了。设置助学金和奖学金，这两个奖金保证了学生们是一定会把友邦记在心里的。为什么学生们会动心呢？其实，只要看一看当时的货币购买力，我们就一目了然了。

1925年时，一名普通工人的月薪大概是二十元左右，公务人员略多，也不过三四十元，一元钱大概可以买二十斤大米、七八斤猪肉、七八尺棉布。在北京，两个人吃一顿涮羊肉花费不过一元，去北海公园游玩，一元钱可以请全班二十名同学买门票，在上海，两个人吃一顿西餐也只需要一元……

看了上面的数字，相信所有人都能明白数百元到底是多大的一笔钱了。这么大的一笔钱摆在那里，也难怪学生们动心了。

奖金不是闹着玩的几元钱，因为很多学生可能不会为之动心；也不是数千数万的大笔财富，因为钱太多会吓坏一般的学生。数百元的奖学金让学生们意识到这是自己努力能够获得的财富，因此很多人都摩拳擦掌、跃跃欲试，其中就包括北京高校的一群顶尖高才生。

这群高才生也想赢得这笔钱，但高才生毕竟是高才生，他们不愿意像其他人一样上街推销，于是一群人就聚集在一起研究了起来。

北京，清华园，清华学校（1928年更名为清华大学）数学系和外文系的几个学生正在热火朝天地讨论，讨论的内容就是设计出一套方法，能够快速有效地把人寿保险推销向更广阔的人群。

学生们知道对于保险推销来说，受众是最重要的，好在清华学生大多出身上流社会，只要把家庭这层关系利用好，就能够获得不错的收益。然而学生们毕竟有心气，他们不想走家庭路线，因此正算计用一些其他方法向社会大众推销保险。就在同学们激烈讨论时，一位外文系的同学突然想到了一件事。

1925年时的清华学校虽然已经是国内名校，却绝对没有今天这般显赫。清华学校是用美国退回中国庚子赔款的资金建立的，自建立之初就大量延请美国老师，初期发展受西方文化的影响。不少清华学生毕业之后也多被派往美国深造。而友邦是一家带有美国元素的公司，这就给清华学生提供了另一个思路——问问美国老师在他们国家是怎么样卖保险的，而这位同学想到的就是之前和他们提到过友邦保险的英文和哲学老师弗里曼。

在弗里曼的帮助下，同学们很快就设计出一套切实可行的办法，并于暑假在北京进行了实施，结果一炮打响，果然拿了全国冠军。冠军到手了，就到了史戴和友邦兑现承诺的时候了。

这一年秋天的清华园，清华学生和弗里曼迎来了史戴，当学生们看到史戴打开皮箱掏出巨款的时候，同学们第一次意识到友邦这家公司是很讲信用的。

从此，友邦保险公司的创举通过清华学生的嘴迅速传遍了北京市民阶层，史戴"立木赏金"似的行为又为友邦保险在北方做了一次影响巨大的广告。

在与学生的宴会之后，史戴特意暗示弗里曼晚些走，学生渐渐散去，不知史戴何意的弗里曼就坐在那里。

"弗里曼先生，据您看来，中国未来的保险市场是怎样的？"史戴问。

弗里曼："史戴先生，中国未来一定会越来越富裕的，所以保险市场一定会越来越兴盛，但恕我直言，到现在我还没看到一家真正有前途的保险公司！"

史戴："也包括我们友邦吗？"

弗里曼不置可否地笑了笑。

其实，弗里曼的怀疑是有缘由的。1925年以前，在中国，经营人寿保险的保险公司连友邦在内一共有20家，其中大多数保险公司对在中国如何开展寿险都不甚了解，有些公司更是连寿险的基本规则都不了解，经营上的纰漏比比皆是。这种局面导致大多数公司的寿险都不赚钱，亏损的比例居然高达70%。

在这样的形势下,即便友邦保险也很难让弗里曼看好。

史戴说:"您不信任我不要紧,那么让我来给您算一笔账!"

接着,史戴便一笔笔地把友邦保险的客户数、客户增长数、保单数及业务员薪酬、分红、公司规模等数据对弗里曼和盘托出。

史戴每念出一个数据就做一番解释,最终当所有数据都念完时,史戴就已经将友邦寿险业务的发展形势完完全全地讲给了弗里曼。随着史戴的讲解,弗里曼的脸变得越来越严肃,到后来甚至眉头也皱在了一起。

弗里曼严肃地说:"如果事实真的如您告诉我的那样,那么我要收回我刚刚的话,看来您的友邦是一家有长远计划的公司!"

"但是!"他随即问道,"这和我又有什么关系呢?朋友!"

"当然有关系!"史戴笑道,"如果可以的话,我希望能够得到您的帮助,我想在北京设立一家分公司!"

弗里曼摇了摇头,说"我还是更愿意继续在学校教书!"

史戴说:"那么,如果我在北京设立分公司,可否请您为公司的草创帮些忙呢?毕竟我不能总是往返于京沪两地,毕竟这局势不是很安全啊!"

史戴已经做如此请求了,弗里曼不能不答应,于是他就接下了筹办北京分公司的工作。

之后的一年时间里,弗里曼这位大学老师果然不负史戴的期望,把友邦保险北京分公司很顺利地办起来了。一年之后,史戴再次回到北京当面感谢弗里曼老师的帮助,此时看到自己一手创办的分公司已经初具规模的弗里曼已经舍不得走了。

史戴当然明白弗里曼的心理。于是,他转过头又邀请弗里曼帮助自己培训友邦保险在北京招收的业务人员,对于史戴的要求,弗里曼想也没想就答应了。

此后，史戴可以说是将友邦保险北京分公司的所有人事权力都交到了弗里曼手中，他给予弗里曼极大的自由，允许他独立制定培训方案，完成培训课程，甚至于招聘或解聘办事员都由弗里曼说了算。在这些之外，史戴只提了一个要求，那就是尽量尊重中国人的习惯和思维方式，让友邦保险北京分公司成为租界之外第一家拥有"纯正中国血统"的保险公司。

在弗里曼为史戴培训北京团队的时候，史戴又马不停蹄地奔赴南京、奉天等地，在各地相继筹建办事处，招聘当地业务员。

一转眼，半年时间过去了，当史戴回到北京开始接手北京业务时，他看到的是弗里曼欲言又止的脸色。如果说之前草创友邦北京分公司已经让弗里曼有些舍不得离开的话，那么将自己锻炼的队伍拱手让人无疑是弗里曼更难以接受的。于是，史戴旧事重提，高薪聘请弗里曼成为友邦保险北京分公司的负责人，弗里曼也赶忙顺水推舟答应了史戴的请求。

其实，从一开始组建友邦保险北京分公司到请求弗里曼帮助培训业务员，这都是史戴布下的局，目的就是把弗里曼这个"中国通"收入帐下。所以，对于弗里曼会有何种反应和选择，一切都在这个"狡猾"的犹太人的掌握中了。

就这样，弗里曼在友邦公司一做就是十几年，这十几年里，因为有弗里曼这个既了解中国又懂得国际形势的大教授主持工作，友邦果然一步步实现了彻底的中国化，以至在有些城市，有些场合，友邦已经完全被当作了一家中国公司。

1936年，友邦成立15年之后，史戴交出了一个令人佩服的答卷：这一年友邦保险的保单准备金为7208624元，有效保额为5959470元，其中华人投保占比为90%。这一年，友邦共有全职保险业务员3000余人，其中95%是华人，兼职保险员20000余人，99%都是华人；更重要的是，在代表友邦参加保险行业会议的高管队伍里，除了个别洋人面孔，几乎清一色都是黑头发

黄皮肤的中国人。

　　就像史戴当年在心中默默许愿的那样，友邦保险真的成为一家真正的中国企业，那么下一步该做些什么呢？史戴喊出了自己的口号：代表中国去将业务拓展到全世界。

第二章

友邦的悲欢离合

  立足于中国的友邦获得了巨大的成功,经过10年的发展,史戴有了更远大的目标,那就是将友邦推向世界,代表中国宣战西方的对手,重新定义保险行业。史戴的志气可嘉,他也确实几乎实现了自己的理想。然而,当战争来袭、风云变幻时,史戴和友邦的理想戛然而止。海外拼搏,友邦唱出了怎样的凯歌?山河破碎,友邦又上演了怎样悲壮的故事?

  抗战期间,友邦和中国人民一起经历了血与泪的洗礼,也凝聚了中国人的韧性和顽强。战争结束,友邦却到了要告别的时刻。在历史的关口,友邦应该何去何从?这样一家曾经自诩为"纯中国种"的企业,又是怎样保留它的中国根?

立足上海，走向世界的中国保险公司

1927年到1937年这十年被称为中国在"二战"前的"黄金十年"，在这十年里，中国各行各业都得到了前所未有的发展，而在这股发展大潮中，友邦也迎来了属于自己的"黄金十年"。

我们可以从以下几个方面，解读出友邦在这"黄金十年"中发展速度之迅猛。

业务人员的增加：友邦初创的时候，整个团队不过史戴从美亚带过来的几个合伙人，后来随着寿险在上海的推广，友邦的人数开始增加，但也不过百十人的队伍。真正让友邦团队扩大的，是其加入全中国的发展大潮中，友邦在各地设立分公司、办事处，随之而来的便是人员的大幅度增加。一百、五百、一千、两千……友邦的花名册变得越来越厚。到1927年，友邦共有业务员3000余人，除此之外为友邦做内勤服务的还有上千人。

如此庞大的人员构成，即便在有着"东方巴黎""十里洋场"之称的大上海也是首屈一指的。要知道，在当时中国金融界占举足轻重地位的花旗银行、华俄道胜银行最顶峰时在华雇员也不过几百人。

经营业绩的飙升：1921年，当史戴携在美亚攒下的口碑创立友邦时，虽然有上海各界的信赖，但整个寿险业绩也不过十数万元。但到了1927年，友邦的有效保费就已经超过500万了。

业务面的扩展：经过十年的大发展，友邦已经逐渐从专精寿险慢慢向其他金融领域扩展，如同业拆解等对于友邦来说更是常事。业务扩展之外，友邦的经营区域也在不断扩大，先是从上海走向全国租界，再从租界走出，走向更广阔的中国。到最后，友邦甚至将目光从中国转向了整个亚洲，乃至于全世界。

"号外，号外，关东州日军开赴沈阳，奉军借势攻占锦州，郭松龄败退！"

1925年12月的一天，上海报童边走边吆喝着当天的新闻。

听到这样的消息，路旁的国人纷纷摇头："日本人手伸得太长了，这次出兵帮张作霖，不知道又得了多少好处！"

对于1925年上海租界中的人来说，眼前的日本人只是租界工部局的一分子，是租界里的各种东洋货商人，是各种日本武馆的武士，是日本餐馆的厨师。他们对于遥远东北的日本人无比陌生，虽然日本插手中国政局的新闻时有传出，但在上海租界人看来，这似乎与自己关系不大。

然而，商人的嗅觉是最为敏锐的，在这样的新闻频繁出现后，史戴在内心里就有了一种预感，中国和日本早晚有一天会打仗的。如果中日真的开战，租界会不会受到影响？自己是否应该早做准备？史戴这样思考着。

终于，他下定了决心，即便不是为了未雨绸缪，但从企业发展的角度考虑，友邦也应该多一些备选方案。主意已定，那么接下来就是如何开展的问题了，对此，史戴毫不犹豫地选择了美国，于是就有了美国国际保险公司（American Internatinal Underwriters，简称AIU）的出现。事实证明，正是史戴的这一举措最终挽救了友邦。

1926年，史戴回到美国，他没有选择自己的出生地加州，因为那时的加州除了已经废弃的金矿和大片的农田、工厂，还没有今天如此发达的金融业。要发展金融业当然去纽约，去华尔街。带着从中国市场拿回的保单数据，史戴很快就找到了愿意与之合伙的资本，于是他试水性质地先建立了美亚分部，随即又创立了美国国际保险公司，主要业务依然是代理美国保险公司的保险产品，只不过对象除了中国本土，还有大量的美国海外企业。

之所以要在美国本土设立一家和中国美亚保险公司性质相同的公司，主要是为了分散亚洲保险业务的风险。美国国际保险公司成立后，史戴随即又回到上海，他要干一件大事，那就是为自己选择一个真正的大本营。

1926 年年末，史戴和他的友邦保险公司正式迁入上海外滩 17 号的字林西报大厦，因为这里曾是外国在上海开设的最大新闻出版机构《字林西报》报馆所在地，所以有人称之为"字林西报大厦"。在迁入外滩 17 号后，这里成为史戴的大本营，在这里的企业是友邦人寿保险公司，以及史戴之前成立的中国美亚保险公司，和刚刚成立的美国国际保险公司上海办事处。值得一提的是，虽然友邦作为主体迁入外滩 17 号，史戴却并没有将这栋美丽的建筑物改名为"友邦大厦"，这可能就是第一代犹太创业者的性格——内敛、务实、不张扬。不过，历史终究还是给了史戴和他的友邦一个完美的回响，新中国改革开放之后，友邦回到它诞生之地上海，再一次入驻外滩 17 号。这一次，"友邦大厦"四个字终于刻在了这栋饱经沧桑的建筑物上，只不过这已经是 72 年之后的事情了，此时史戴早已作古，但斯人已逝，能够看到友邦回家，想必他九泉之下也足以欣慰了。

友邦、美亚和美国国际保险（AIU），三家保险公司齐头并进，这已经成为中国保险业一景，但史戴仍然没有满足。

1930 年，史戴又与英国商人施美士在香港合作创办了四海保险公司；一年之后，史戴又与法国商人在越南合伙创办了法美保险公司；1932 年，史戴与华人工商领袖徐新六等人合资成立了泰山保险公司……

到 1941 年时，史戴已经在中国成立了八家保险公司，这些史戴系的公司一共占据着中国保险市场三分之一的份额。

经过黄金十年的发展，友邦保险的分公司和代理处已经遍布中国、越南、菲律宾、吉隆坡等地，史戴的保险帝国已经初见雏形。在不断开拓亚洲保险市场的同时，为了更好地分散业务集中带来的不确定危险，史戴也一直在尝试向亚洲以外的地区扩展业务。

19世纪末20世纪初的欧洲，战争阴云已经升腾而起，欧洲各国通过达成同盟，相互制衡、对抗。由于欧洲的保险业发展比较早，市场也更为成型，所以对于当时的史戴来说，这里的保险市场就像一堵密不透风的墙一样，很难从外面突破进去。在美国市场中，史戴所面临的也是同样的境况，只能以代理的形式出现。那么排除掉亚洲、欧洲和美国，史戴就将目光聚焦在了拉丁美洲。

19世纪末20世纪初，拉丁美洲的保险市场一直处于欧洲保险公司的控制之中，欧洲保险公司在这一地区的垄断一度让其他地区的保险公司望而却步。但伴随着欧洲各国间的扩军备战，以及第一次世界大战的发生，欧洲保险公司纷纷收缩了的保险业务。

20世纪上半叶的拉丁美洲，改革与革命是其历史发展的主线，从墨西哥革命到古巴革命，拉丁美洲的政治经济获得较快发展。而另一方面，20世纪20年代美国对拉丁美洲的政策开始从强势干涉转向"睦邻友好"，经济扩张成为美国对拉美外交政策的主要原则。

正是在这样的时代背景下，史戴成功抓住机遇，大力抢占拉美保险市场。史戴先是在古巴首都哈瓦那成立美国国际保险公司（AIU）地区总部，主要负责拉丁美洲各地区的保险业务。此后，为了更好地满足拉丁美洲的市场需求，史戴又在其他6个拉丁美洲国家建立了分公司。到1945年时，史戴众多保险企业在拉丁美洲的保费收益已经超过了当时正处于战争泥潭中的亚洲的保费收益。

事实证明，友邦创始人史戴的这种未雨绸缪的做法帮助友邦系保险企业度过了一段危机时期。因为就在史戴大张旗鼓发展全球保险事业时，一场举世瞩目的战争终于在亚洲和欧洲打响，这场战争陡然打断了中国发展的进程，也打断了友邦十年大发展的步伐。更关键的是，在这场战争中，史戴坚定地站在了中国人民一边，和中国人一起扛起了反侵略大旗，而这也就给友邦造成了极大的影响，友邦和史戴一起，一度被推到了悬崖边上。

与国休戚，友邦参与中国抗战

"号外，号外，海陆空大元帅张作霖专列被炸！张作霖本人生死未卜！"1928年，全世界的目光都聚集到了中国东北的一个小镇皇姑屯。在这里，日本悍然用炸药暗杀了当时中国名义上的统治者、奉系军阀首脑张作霖，中日前景越来越扑朔迷离。

3年之后的9月18日，日本关东军更是制造事端，突然袭击东北奉军指挥部。奉军不予抵抗，东北全境很快丢失。到此时，几乎所有人都知道，中日一战不可避免了。

在日本加紧对中国侵略的头3年时间里，史戴除了将友邦业务拓展到全球之外，还做了另外一件事——办报纸。

在这个世界上，犹太人除了喜欢经商之外，还热衷于另外两件事——教育和文化。犹太人喜欢办教育是出了名的，当年在上海，犹太大亨就创办过名盛一时的哈同大学。而作为犹太人的翘楚，史戴则将注意力放在了文化上。

20世纪20年代的上海，因为殖民商业的发达，大量的外国人亟须文化精神生活，因此租界里出现了大量的报纸，其中就有几个美国文化商人创办的《大美晚报》。《大美晚报》以在上海租界的美国侨民为主要读者，着重报道美国和其他西方侨民在中国的活动。报纸创办之后，在租界里并没有获得太好的成绩，两年后报社资金就有点捉襟见肘了。

刚好，此时的史戴也有办报纸的打算，听闻《大美晚报》资金短缺，于是便提出收购，并最终得以成事。1931年，《大美晚报》正式归属史戴，史戴在为报社注入资金的同时，也聘请了之前有过丰富办报经验的美国记者高尔德，报纸开始有声有色地做起来了。

史戴接手《大美晚报》的时候，日本对中国的狼子野心已经昭然若揭，但至少在上海租界中，大家的关注点还不在此，史戴也是如此。当时，史戴对报纸的要求是除了做好新闻之外，就是尽量刊登友邦保险的广告，用传媒的形式为友邦宣传。

1933年，史戴又在《大美晚报》英文版之外再出中文增刊，但主要内容依然是文化娱乐和保险广告。而真正让史戴发生转变的，是1937年日本发动的全面侵华。

1937年7月7日，日军自导自演的独角戏上演，他们将炮火引向北平，卢沟桥事变爆发。日本开始倾全国之力发动全面侵华战争，中国各阶级终于站到了同一个敌人面前。而此时，同仇敌忾的抗日氛围，也感染了在中国的外国友人。

当时，上海租界正好在淞沪前线，中国军民的顽强抗争和日本人的野蛮暴行都被史戴看在眼里。他不能再坐视不理，于是，他一方面组织友邦公司捐钱捐物，救助涌进租界中的难民，另一方面要求《大美晚报》对中国抗战做大篇幅客观的报道。因为《大美晚报》是当时唯一具有中英双刊的媒体，它一方面激励着中国人的士气，另一方面也向世界展示了中国抗战的决心。然而也正是如此，让史戴成了日本人的眼中钉。

1937年11月，上海沦陷。此时，日本虽然占领了上海，但毕竟还没有和西方国家撕破脸皮，所以日本军队没有权力开进租界。而《大美晚报》的社址位于法租界，日本人鞭长莫及。

当时，日本人在上海烧杀抢掠无恶不作，租界成为难民们唯一的栖身之所。据统计，当时租界共容纳了数万中外居民和难民，同时还有很多流亡企业、新闻通讯社和出版社也在这里继续工作。

前一段时间目睹了中国的抗战和日本的暴行，现在又眼看着中国难民在租界中哀号，史戴愤怒了。他下令《大美晚报》转变方向，全方位报道抗战，一定要将日本人的野蛮暴露在全世界的面前。于是，这份报纸很快就成了租界中文化抗日的一块主要阵地。凭借着不被审查的优势，《大美晚报》客观记录了日军在中国的残暴罪行，以及中国人民的英勇抗战事实，其中南京大屠杀的杀人比赛等重要事实都被记录在这份报纸中。

由于不断披露日本的在华罪行，宣传抗日救亡思想，《大美晚报》连连遭到日军打击。日本人先是试图收买史戴，但史戴根本不给日本人接触的机会，紧接着日本人又试图收买报社总编辑高尔德，日本人就高尔德曾旅居日本并就职于《日本日报》的经历与他套近乎。但就因为曾长期居住于日本，高尔德更了解日本人的真面目，因而对日本的侵略的报道就更是不留情，这让日本人恼羞成怒。

日本人虽然恨得牙根痒痒，但是因为史戴和高尔德都是美国人，日本人不敢把他们怎么样。但对于报社的中国职员，日本人却不会这么"客气"。

1939年8月30日，《大美晚报》中文版副刊《夜光》的编辑朱惺公因连载《汉奸史话》宣传抗日被特务暗杀。此后编辑张似旭、程振章、李骏英等人也先后被日本特务暗杀。对于日本人的野蛮行径，史戴内心无比愤怒，他一方面给遇难的报社同仁发放抚恤金，一方面更加强烈地谴责日本人。

拿史戴没有办法的日本人，将最后的怒火全部发泄在了史戴的基业——友邦保险身上，他们调动一切资源攻击友邦，先是让日资撤资、日侨退保，后来干脆雇佣地痞无赖到友邦总部闹事。

万般无奈之下，史戴只能将友邦保险业务总部迁往纽约。而此时，随着日军侵华脚步的加快，实际上友邦保险在中国也不可能有任何业务了。但是，史戴没有走，他和他的《大美晚报》依然在租界中坚守着抗日文化阵地。

与此同时，随着日本侵略中国的暴行不断被曝光，西方国家也纷纷开始谴责日本，这当中自然也有史戴的一份功劳。当谴责声音越来越多，日本也下定决心与西方国家决裂。此时，在上海的日本侵略者终于可以对史戴下手了——史戴进入了日本人的暗杀名单。

有鉴于此，上海租界是待不下去了，于是史戴于 1940 年离开中国，回到美国避难。躲回美国的史戴逃过了一劫，但友邦在中国最后的一些业务已经在劫难逃。

1941 年 12 月，日本偷袭珍珠港，太平洋战争爆发，日军随即攻占了上海租界。日军接管英美租界后，友邦人寿在亚洲的所有保险业务都被关闭，友邦总部也被日本陆军占据，成了侵略者的窝点。

史戴虽然离开了中国，但友邦保险的中国情缘并没有就此中断。5 年之后的 1945 年，艰苦抗战的中国终于取得了最后的胜利。此时，一片废墟的中国正需要重新建设时，史戴就带领友邦人寿再次回到中国，迅速恢复了正常业务。1948 年，友邦保险将亚洲总部从上海迁到了香港，而这已经是另外一段故事了。

心系故土，"漂泊海外"的异国游子

1945年8月15日，日本政府发表对盟军声明，宣布无条件投降，旷日持久的第二次世界大战终于结束了。

三个月前的5月8日，在欧洲战场的德国宣布投降时，世界就已经在期盼"二战"的彻底结束了。

听到日本投降的消息，中国在欢庆，美国也在欢庆。8月15日这一天，重庆、上海、杭州、北平，在战火下压抑已久的中国人纷纷走向街头，大家欢呼雀跃，尽情挥洒着喜悦之情。而遥远的美国纽约华尔街，史戴和他的同仁们也欢庆着。

"Yes！"美国办公室中，史戴闻听中国抗日战争胜利的消息后，也握紧双拳轻轻敲击了一下办公桌。中国人的努力和世界的援助没有白费，中国终于摆脱了殖民统治的阴霾，这真是一个令人振奋的消息！

然而，在短暂的兴奋后，史戴却再次锁起了眉头。

中国抗日战争宣告胜利，这的确是件值得高兴的事情，但之后呢？日本人虽然被赶出中国，但1945年的中国社会依旧动荡，民生凋敝，因为持续多年的战争，中国基础建设不但没有发展，很多战前的设施也被战争毁得一塌糊涂，中国金融市场更是行将崩塌。面对满目疮痍的国家，中国人应该怎样恢复生产？更不要说此时中国还面临着巨大的内战风险，作为一名具有中国情结的企业家，史戴不得不为自己的第二故乡想得长远些。

就如同史戴所料想的那样，日本投降后，中国很快便陷入内战之中。当时，国民党军受美军帮助较多，史戴却敏锐地感知到，国民党绝非治理中国的最佳政党。为此，他开始积极奔走游说，试图让支持国民党的外国企业家们擦亮双眼，撤销对国民党军的援助。

"真是笑话。"

一位大腹便便的美国企业家对史戴的游说不以为意，反而阴阳怪气地发表了自己的看法："我支持哪个政党是我的自由，我不知道这跟你有什么关系。"

史戴冷哼一声道："你支持本国政党的确是你的自由，但你现在的行为是在干涉中国内政，作为同行，我对你的行为感到不齿。还有，如果你继续干涉中国内政，我们将取消与贵公司的合作往来！"

"你！你……噢，上帝，随你的便，"无话反驳的企业家只能气愤地叫嚣道，"只是别忘了，你不是中国人，你是个美国人！"

丢下这句话后，这位企业家便摔门而去。

史戴叹了口气，在当时的中国，这样的外国企业家随处可见。

为什么史戴对于当时的国民党政府有如此的警惕呢？原因很简单，那就是他亲眼见到了国民党政府的倒行逆施。

1945年9月，日本投降不久，史戴便派人奔赴上海，筹划友邦回归事宜。友邦回归中国市场，首先要做的就是选择立足之地，其次便是联系之前的商业伙伴。然而在这两件事上，兴冲冲的史戴都碰了一鼻子灰。

按理说友邦回归，那么办公地点毫无疑问应该是他原本的"老家"上海外滩17号，这里原本就是友邦的办公地点，只是因为日本侵略而被占据。然而，当国民政府接收上海之后，因为租界已经被政府收回，这栋办公楼居然被当作"无主"的产业归属了政府，这真是让人难以接受。

于是，友邦人据理力争和政府交涉。也许是因为国民政府对美国的忌惮，友邦的诉求最终还是得到了满足，但史戴的那些中国故交可就没有那么好的运气了。

在抗战前，上海有大量华人开设的工厂，当日本入侵后，这些人不甘心在日本人手下做亡国奴，于是纷纷跟随政府前往重庆。现在抗战胜利了，他们当年的产业却被当作日本人的产业被政府"没收"，这真是滑天下之大稽。

但是，国民政府的倒行逆施还没有结束，因为抗战后期国内资源短缺，上海等大城市开始物价暴涨，在这种情况下，国民政府官场频繁出现腐败、囤积居奇等恶劣现象，整个社会毫无公平可言。最后，国民政府甚至强制老百姓使用形同废纸的金圆券，肆无忌惮地抢夺人民财富，这一切都让中国人无比愤怒。

但即便如此，史戴也没有想离开中国，他命令在上海复业的友邦继续坚守。可是，让史戴没有想到的是，友邦在第二故乡坚持了这么久，最后却因美国的一纸命令而彻底关上了大门。

1948年，在美国政府和华尔街投资者的多重压力下，友邦高层终于决定关闭友邦在中国的大部分业务，并且将人员转移到香港，等内战结束后再设法"回家"。

1949年1月，从上海被迫撤离到香港时，友邦足足包了三架飞机才将上海的员工、家属、友邦资料和公司财产等全部撤离。但在这个时候，公司在中国的部分业务还在艰难继续，一直到1950年12月下旬自动结束为止。

"为什么要让我们离开中国？"一名员工情绪有些失控。

"是啊，"另一名员工声音哽咽，"我们跟中国一起，将日本侵略者赶出了中国。可日本人走了，我们也要走了。"

其他员工闻言顿时沉默了。是啊，这么艰苦的日子都熬过去了，怎么能说走就走呢？可是，"在中国内战期间转移"是美国总部下达的命令，纵然大家万般不舍，也不得不离开这个曾经奋斗的地方……

大洋彼岸的美国办公室里，史戴看着一幅世界地图若有所思。

在第二次世界大战后，欧洲各国遭到沉重打击，欧洲的保险公司也因为资金短缺陷入发展困境之中。此时，正是世界各地需要保险的大好时机！可是，最需要保险发光发热的中国，却被美国以内战为由关上了大门！

每每想到此处，史戴都不由得眉头深锁。

"可惜，友邦现在还不能回归中国。哎，上海可真是个好地方啊……"史戴用食指轻轻叩着世界地图上的"上海"位置，同时自言自语地轻声惋惜着。

"咚咚。"一阵敲门声把史戴从万千思绪中拉了回来。

只见秘书推门进来说道："史戴先生，因为支持中国，咱们在美国的业务多少受了些影响，好在咱们公司信誉好……咱们下一步动作是什么？跟中方继续斡旋吗？"

"不，"史戴摇了摇头，"中国正处于内战时期，我们继续斡旋也是无益的。既然总部命令退出中国市场，那我们不妨将目光放在其他国家和地区，等中国内战结束再做打算。"

秘书闻言有些惊讶，因为史戴对中国市场的热情是全公司都知道的，但史戴的安排是最为妥当的。

彼时，美国作为二战最大的获益国，在战后加快了全球扩张的脚步，这在很大程度上促进了美国商业企业的全球扩张。而在美国企业的扩张中尤以金融业为最，而史戴也及时抓住了这个机遇，再次开始了他的全球版图扩张之路。

正如史戴规划的那样，早在"二战"刚结束时，他就已经做好了亚洲的业务发展规划。而且，史戴还受到了美国军方的邀请，于1946年进入日本市场，为美军提供财产保险服务。

随着市场与国家的开放，日本逐渐解除了对外资保险公司发展的限制。

得益于此，史戴在日本的业务获得了较快发展。虽然在中国市场有些失意，史戴却在日本大展拳脚。甚至凭借美军的力量，于同年进入德国市场。

成功进入德国市场，这成为史戴进入欧洲市场的重要开端，因为在此之前，史戴的欧洲业务仅仅局限于比利时、法国、荷兰的几家小型保险代理公司业务。

就在史戴积极扩张欧洲保险市场时，一个振奋人心的好消息从中国传来——中国内战结束，新的政府成立了！无数爱国人士的热情被点燃了，大洋彼岸的史戴也在办公室欢呼雀跃起来。

作为自己的发迹地，作为自己的第二故乡，作为自己为之奋斗多年的国家，新中国不负众望，骄傲地站在了全世界面前。

"噢，史戴先生，您的兴奋之情也太明显了，"史戴的秘书忍不住提醒道，"我理解您的心情，但您还是应该克制一些。"

史戴摇摇头："现在可不是克制的时候，现在，是我们该'回家'的时候！"

正如史戴所说，山河破碎的中国正在如火如荼地重建中。商业世界百废待兴，无数因战乱停滞的商业计划也终于可以复兴。然而，就在史戴部署"回家"计划时，一些令人无奈的事却阻碍了他的"回家路"。

1950年10月25日，抗美援朝战争爆发，消息很快传遍了世界，史戴在美国史戴办公室里也得知了这个消息。

史戴自言自语道："不行，我一定要回到中国，一定要让友邦回到中国。"可说着容易，做起来哪有这么简单？在当时的状况下，想要在中国开设外资商业机构的难处就可想而知了。

史戴没有因为此事受挫而变得消极，他有空的时候就会看着办公室的那张世界地图，突然灵光一现，自语道："虽然无法立刻回到中国，但我们可以把目光放在中国周边的国家和地区，把目光放在全球。换句话说，友邦发展得更好、更强，才更有可能在未来回到中国！"这个时期，史戴将目光放在其他国家和地区是非常正确的决策。20世纪50年代之后，史戴开始积极扩张欧洲的保险市场，同时在北美、中东等地区也开设了分公司。

总体上，"二战"之后史戴在全球进行的扩张战略基本是成功的，1967年，友邦创始人史戴将全球业务进行整合，成立了美国国际集团（American Internatinal Group，简称AIG）。这家公司也成了美国所有史戴成员企业的控股公司。此时，国际局势风云变幻，但美国国际集团（AIG）俨然已经成为一家巨无霸的金融巨头。

只是，在这家跨越五洲的金融巨头的商业版图中，唯独缺少了中国这个它曾经的故乡。

"史戴先生！我们在澳大利亚的分公司开业了，"秘书兴奋地对自己的老板汇报道，"开业非常成功，而且当天就有很多公司和个人与我们签订业务！"

"嗯，不错。"史戴微笑着说。

"我们在澳洲大获成功，可您却好像并不开心？"秘书有些疑惑。

"不，我当然开心，"史戴平静地说道，"我们付出努力，然后获得回报，这不是理所应当的事情吗？开心过后，我们还是要打牢基础，夯实信任，优化业务，这样才能扎根在澳洲。"

秘书心悦诚服地点了点头，然后礼貌地退出了史戴的办公室。

而此时的史戴，却将目光投向了地图的上方，在澳大利亚东北方那片大陆上，有史戴一直魂牵梦绕的地方——中国。只是，此时的史戴也已经走到了人生的尾声，他需要交出自己手中的接力棒了。回到中国的梦想，在他的手中恐怕是无法实现，只能寄希望于后来者了。

钦定接班人，友邦第二任掌门人

无论友邦的母公司美国国际集团（AIG）业务有多广、版图有多大，史戴心里总有一个愿望，那就是重新回到自己的第二故乡——上海。那里是史戴发迹的地方，也承载了他太多的情感。对史戴来说，友邦是华尔街与上海在灵魂上的碰撞。

据说，晚年的史戴经常坐在办公室里，一个人盯着中国地图发呆。史戴那一脸若有所思的样子，让公司上下无一不知他的心情。可是由于时局问题，友邦终究是无法"归乡"的。

每每看到华尔街的繁华璀璨，便会勾起史戴对曾经某一段岁月的向往。这种向往如同陈年的暗香，让史戴的思绪穿越万重烟水，逐渐飘向地球的另一面——东方，上海。

史戴记忆里的上海滩是十里洋场，无数叱咤风云的人物，皆聚集于此演绎灯红酒绿、人生风光。外滩的万国建筑群，从容且优雅地承载着那一段历史，也让史戴在无数个夜晚心生归意，魂牵梦萦……

友邦在上海的员工为史戴创造了令人骄傲的业绩，而史戴也没有辜负他们，在战乱期间，他亦为上海的员工们提供了避风港。史戴在上海的日子，是他人生中最难忘的20年。在他心里，上海不仅是事业的福地，更是他心中温暖的家园。史戴对上海的情谊已经深入骨髓——友邦的根在上海！

时间如白驹过隙，曾经意气风发、漂泊异乡的追梦少年已经两鬓斑白。史戴终于走到了人生的尽头，此时，他需要为自己的事业寻找接班人了，而他选择的对象就是友邦的第二任掌门，也是最终能帮他实现夙愿的人——莫里斯·格林伯格。

格林伯格，1925年出生于纽约一个犹太人家庭，从他的姓氏我们大致可以判断出他的祖籍应该是德国。但就像那时所有美国青年一样，当第二次世界大战爆发时，他也一样拿起枪站到了反法西斯战场上。1942年，格林伯格应征入伍，此时的他甚至还没有年满18岁，是靠一张伪造的身份证明才成了一名军人。

在军队服役期间，格林伯格作战英勇，还参加过著名的"诺曼底登陆"。1945年，"二战"结束，格林伯格也从军队退伍。带着从部队获得的荣誉和津贴，格林伯格考入了迈阿密大学学习法律，并于三年后毕业。

毕业后的格林伯格从事过一些与法律相关的职业，但都没有太大的起色，直到1953年，在经过了数次失业、求职之后，格林伯格进入保险行业。

关于格林伯格是如何进入保险行业的，有各种各样的故事和演绎，但就和我们每一个普通人一样，格林伯格之所以能够在保险业长久地做下去，其初衷也不过是因为这是一个能够给他稳定收入养家糊口的工作。

自1953年进入保险行业开始，格林伯格在保险行业的基层工作了7年时间，这7年里他的事业有一些小的提升，但总的来说还不算一个成功人士。真正让他命运改变的，是他的一次跳槽。

1960年，在朋友的劝说下，格林伯格从原来就职的公司离职，进入一家名为美国家居保险的新公司工作。值得一提的是，这家新成立的公司正是美国国际集团旗下的，也正是在这里，格林伯格实现了他的人生蜕变。

当时，这家新成立的美国家居保险公司只是美国国际集团合并业务中的一个"副产品"，国际集团对它并没有十分看重。因此，在格林伯格进入时，这家公司还处于极其混乱的建设阶段。

在这种情况下，军人出身的格林伯格很快就展现了他的才能，他带领自己的小团队迅速稳定下来，并取得了足以傲视整个公司的业绩。格林伯格的突出才能很快被总公司美国国际集团发现，他也被迅速提拔，直到两年之后，他被任命为美国家居保险公司总裁，正式成为一个公司的掌门人。

担任美国家居保险公司总裁之后，格林伯格对公司开始了大刀阔斧的改革。据说，格林伯格非常崇拜他在军队的老长官巴顿将军，而他的管理、行事作风也都潜移默化地带有巴顿的风格。

巴顿的风格是严厉、坚韧、不屈不挠、不知疲倦，巴顿在带兵的时候会这样要求士兵，而他更会这样要求自己。了解格林伯格的人说，他就是一个不折不扣的"巴顿"。

据说，格林伯格对于下属十分严厉，对于下属的过错也绝不轻易放过，他最喜欢的一件事便是在休息时间将下属叫到面前，展开暴风骤雨式的"洗礼"。与此同时，格林伯格却也有着常人不可比拟的行动力。要求下属做到的事情，他自己首先就能一丝不苟地做到。下属犯错他会惩罚，对自己的错误他也绝不姑息。

就是这样一个无比严苛的军事化领导，只用了两年时间便成功将美国家居保险公司带出了泥淖，公司在他的手中迅速实现扭亏为盈。

值得一说的是，格林伯格虽然在管理上十分强硬，但并不意味着他不够灵活，事实上他是一个非常善于创新的人。在美国家居保险公司的总裁位置上，格林伯格对公司体制、保险产品、服务方式进行了多种改革，很多创新举措都深远地影响了美国保险行业。

格林伯格在美国家居保险公司的成功再一次引起了总部的注意。1965年，格林伯格被史戴挑选成为他创建的投资集团的董事，并负责与保险有关的一些子公司。两年之后，格林伯格又被史戴任命为美国国际集团总裁兼首席执行官，这一年，仅有42岁的格林伯格正式成为史戴钦定的接班人。

成为美国国际集团掌门人的格林伯格仍然坚持着他的管理理念和创新意识。

美国国际集团在史戴时期已经将触手伸向了世界，格林伯格接手之后，他又让公司规模进一步扩大，最顶峰时期，公司的分支公司遍布全球130多个国家和地区，拥有员工数十万人。能够管好这么一个庞大的企业集团，不能不说格林伯格的管理能力的确惊人。

而与此同时，他的创造力也得到了充分的展现。格林伯格的创造力首先体现在对于保险的创新上。当业界认为保险行业已经很难创新的时候，格林伯格却带领美国国际集团推出了各种前所未有的保险品种，如劫机险、黑客险、海上油田险等，这种产品和服务的创新让美国国际集团始终走在行业的最前沿，让其他保险公司只能跟随他的脚步前行。

另一方面，格林伯格的创造力还体现在其极具前瞻性的思维模式上。当他认为一个经济体应该发展的时候，他就能敏感地察觉到这其中的商业契机，进而提前一步完成商业奠基，在对手还没有反应过来的时候抢先插足。

美国国际集团就是这样在格林伯格的手中越做越大，而格林伯格用他的实际行动证明，史戴没有选错接班人。

1968年，史戴终于走完了他的人生历程。但倦鸟思巢、落叶归根，"如果灵魂不死，我们在天堂仍将怀念留在尘世的这个家"，史戴到临死之前依然想念着东方，想念着中国。而随着史戴的离世，将友邦带回中国的重任落在了格林伯格的肩上，作为史戴的继承人，格林伯格传承的不只是保险方面的事业，还有史戴先生回归上海的心愿。

友邦，那挥之不去的中国情结

历史总是在风云变幻中前进，昨日之事转瞬便如沧海桑田，20世纪前50年，人类的主旋律是战争，但后50年，发展却又成了人类的主题。而友邦离开它的故乡中国，正好是夹在前一个50年和后一个50年的中间。

其实，在那个过渡的年代，友邦不是唯一离开中国的企业，因为就连花旗银行这样的大型外资企业也选择了离开。

1956年，上海外滩。一块写有英文"CitiBank"的招牌缓缓落下，中华人民共和国成立后的最后一家美国资本企业宣布告别中国，这最后一家离开的企业便是花旗银行。

自1902年花旗银行在中国设立第一个办事处起，已经过去55个年头了，虽然期间因为战争花旗中国的业务也曾短暂关闭，但随着中国抗日战争的胜利，花旗立即选择了复业。

在1949年中华人民共和国刚刚成立时，中国政府对外资企业还是比较包容的，花旗也配合政府进行了各项改革整顿，尤其是花旗银行的外贸融资与转汇业务，也是政府所需的，所以花旗银行在中国的业务仍旧可以继续开展。

朝鲜战争打响，中美正式成为战场上的对手，此时花旗银行也就没有留在中国的可能了。1956年，花旗正式宣布摘牌回国。而中国政府当时也十分大度，没有按照战争惯例没收其在华资产，而是任由花旗体面结束中国业务。

作为20世纪美国在华资本的代表，花旗银行在时代的大背景下尚且只能够坚持到1956年，何况没有花旗银行这样长袖善舞的友邦保险，其命运自然也就和很多在华外资企业一样，走上了离开中国的道路。

走进友邦

虽然离开了中国，友邦和中国的渊源却始终没有隔断。1949年之后的二十多年里，友邦始终关注着中国的发展，并始终寻找机会返回中国市场。

1967年，格林伯格成为友邦总公司美国国际集团的首席执行官，为了宽慰已近暮年的前任创始人史戴，也为了公司在未来的发展，格林伯格便向世界宣布——"重返上海，就是我的使命！"

话虽这样说，但以当时的中国局势来看，回归中国的尝试还要再等一等，结果这一等就是8年。

1975年，历史终于给了格林伯格一个机会。这一年，格林伯格获得中国有关部门的邀请，以美国国际集团（AIG）总裁兼首席执行官的身份造访中国。他此行的目的是同中国人民保险公司进行洽谈，商议AIG成为首家同中国合作的境外保险机构的相关事宜。

这是格林伯格第一次来到中国，在这之前，他早就已经对自己服务的这家公司的故乡充满了好奇和向往，他想知道中国究竟是怎样一个国家，这一次他终于实现夙愿。

而对中国来说，中国人保之所以选择美国国际集团这个合作对象，也是因为史戴这些年的努力，让他们意识到友邦和史戴对于中国的感情，他们觉得美国国际集团会是一家真正愿意帮助中国保险行业实现从无到有的转变的跨国公司。

格林伯格当然不想让中国朋友失望，踌躇满志的他也想要在中国这个拥有世界最多人口的大国一展拳脚。然而没有想到的是，等飞机一落地，格林伯格就被当头浇了一盆冷水。原来，当时中国还不富裕，无论是政府财政收入、国民收入还是国民金融理念都较为落后，跟日韩等亚洲发达国家相比当时的中国尚且十分逊色，更别提跟当时的世界霸主美国相比了。在这种环境下能够发展保险业吗？格林伯格心里很没底。

多年以后，格林伯格在回忆自己当时的见闻和感触时写道："我（20世纪）70年代到中国，第一件让我倍感惊讶的事情，是我在大街上几乎看不到小汽车，人们的出行工具只有自行车。那时候，中国还是一个相对贫穷的国家，但改革开放为中国带去了翻天覆地的变化。改革开放让中国从封闭走向开放，也让中国成为世界的第二大经济体！这样的事业可不是一朝一夕就能完成的，我很荣幸友邦见证了中国经济发展的奇迹。"

当然，这些都是后话，至少对当时的格林伯格而言，在领略了中国的贫穷后，他已经在内心里产生了些许疑惑。而此时，遇到的另一件事则让他更加感到意外。

在和中国人保进行商业接洽之后，格林伯格发现当时中国的保险业竟如此稚嫩！中国有关部门对保险行业的管理是如此生疏，对于保险等金融企业的监管是如此松散。在这样的土壤下播种，能够开出美丽的花朵吗？

不管是业内人看也好，外行人看也罢，中国当时的保险行业绝对是一块难啃的硬骨头。但当众人都认为格林伯格会对史戴心心念念的中国保险业失望透顶时，谁知，这样的高难度任务反而挑起了格林伯格的好胜心。

格林伯格笑着说道："PICC就像中国保险行业的缩影，我要做的就是尽可能地提供帮助，并为他们介绍成熟的经营模式。"

漂亮话谁都会讲，场面话谁都听过，但能够真正做到的才是真英雄，格林伯格就是这样的真英雄。他决定先从向中国保险业普及现代保险和改变中国保险业的理念开始，对中国保险业进行持续不断的输血。

于是从1975年开始，格林伯格每年都至少来中国两次，与中国保险同行们进行经验交流，帮助中国保险业同仁树立观念，甚至帮中国保险业制定规则。"每次与PICC的代表见面，我都能发现这家企业又壮大了不少！"在一次离开中国之前，格林伯格曾不无欣慰地说道。

在这种年复一年地往返中国和美国的旅途中，格林伯格已经在不知不觉间将史戴的第二故乡也当作了自己的第二故乡。中国保险行业的变化，对格林伯格来说就像自己的第二事业，他希望能够看到中国保险行业的腾飞。

终于，经过十余年的厚积薄发，中国保险业终于在20世纪80年代初步完成了从萌芽到发展的第一阶段。在这一阶段，像格林伯格这样的国际保险人曾经对于中国保险业倾囊相助，而中国保险业给予他们的回报便是让他们一点点涉足中国市场，从参与中国保险企业的构建，到参与和投资共建保险企业，中国保险业终于一点点向友邦敞开了大门。

时光如白驹过隙，在历史的车轮滚动中，中国改革开放进程也在不断地加深，中国保险业慢慢迎来了腾飞的80年代和90年代，在这两个年代里中国保险业的变化也可以用"日新月异"来形容。似乎是为了迎接21世纪，似乎是有意向世界证明自己，中国的经济发展速度越来越快，格林伯格也惊叹于中国崛起的速度。

在中国与世界的不断接轨中，格林伯格对友邦彻底回归中国的愿望也更加强烈。对于史戴先生和友邦的"故乡"——上海，格林伯格也怀着同样的情感。他曾多次在公开场合称，上海就是自己的"第二故乡"。

"岁月刻蚀的不过是你的皮肤，但如果失去了热忱，你的灵魂就不再年轻。"就在格林伯格的深切期许中，友邦迎来了它"归乡"的机会。

第三章

重返中国，友邦与改革开放同行

友邦终于回归了，这个时候它已经历经两代管理者，是一家完全的美国公司，要经历怎样痛苦的过程才能再次成为中国公司？这个过程友邦走得是否顺利？又有哪些失去和收获？在中国改革开放的大潮中，友邦是怎样走在时代浪潮的前沿的？又是怎样最终在它的诞生国最终站稳脚跟的？

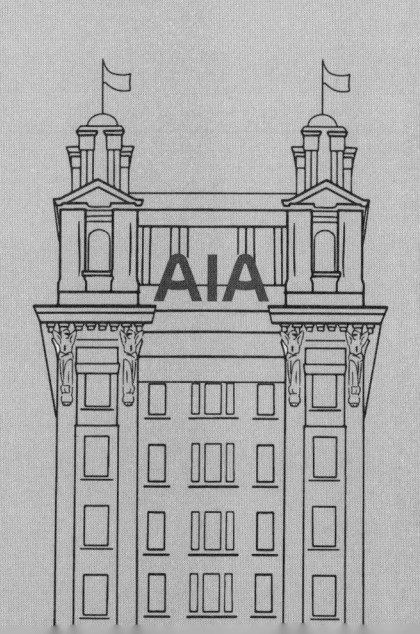

第三章 重返中国，友邦与改革开放同行

重返上海，改革开放后中国第一家外资保险公司

"AIG returns to its roots！"

1992年纽约，一位美国青年激动不已地喊道，他的手里还紧紧攥着一份AIG年报。在这份年报上，AIG集团用醒目的黄色标题，骄傲地书写了它回到中国市场的意义。

"噢，这可真是……太让人激动了！"一些华裔职员激动地搓着手，一时间忘记了自己还身处美国，情不自禁地冒出了家乡话。

大家确实应该激动，因为这个标题是AIG的高管们经过反复推敲才确定的。"AIG returns to its roots"，意思是"AIG要回归故土"。

他们使用了故土（roots）一词，足见AIG对中国市场的怀念与重视。

一位华裔职员迫不及待地把这个好消息告诉了国内朋友。

没想到，国内朋友却笑着在电话那头说道："嘿，我早就知道了。不过，你肯定想不到AIG在国内报纸上是怎么说的。"

朋友打量着手上那份报纸，露出了浓浓的笑意。

不过，他手上的报纸不仅在中国内地发行。事实上，世界各大城市的主要报纸上，都刊登了这样一幅关于友邦的大版面广告。上面只有三个红色汉字——"回老家"。

这三个醒目的中国字，承载的是友邦保险公司即将"回家"的喜悦。

就像友邦保险集团独立非执行主席谢仕荣感慨的那样——"1992年拿到牌照，是10年努力辛劳的成果。我当年还全部是黑头发的，现在不一样了"。在2019年的"友邦百年"媒体开放日上，满头白发的谢仕荣激动不已。他为友邦保险奉献了58年，也是把友邦带回故土中国的主要推动者。

走进友邦

跟随着谢仕荣的回忆，我们仿佛又回到了那个充满激情的峥嵘年代——1992年。

对友邦来说，1992年是极其特殊的一年，因为友邦保险在这一年的9月25日正式回归中国，进而成为中国第一家外商独资的寿险公司；1992年对中国更是特殊的一年，因为邓小平的"南方谈话"，加快了中国改革开放的步伐。

正如谢仕荣的回忆，友邦的"回家之路"走得相当不易。"从20世纪70年代后期开始，AIG总裁格林伯格就不断访问中国，希望能够说服中国开放保险业，让外国公司进来带动保险业的发展。"

前面已经提到，格林伯格是史戴的继承人。他不但传承了史戴的能力与决心，也传承了史戴对中国的一片热忱。可是，格林伯格人还没到中国，国内就掀起了一阵反对之声。

在上海的某办公大楼里。

"不行，我觉得这样弄不行！"

一位西装革履的金融界人士怒气冲冲地说道，周围的人也都是一脸严肃。

另一位打着蓝色领带的男士也一脸不满地说道："各位，咱们都是做保险的，我也就明人不说暗话了。跟其他国家相比，咱们在保险这块是落后的，尤其是寿险部分，中国还没有一家本土的寿险公司。可以说，咱们就是一群小绵羊。"

大家都点点头，男士继续高谈阔论道："可是！在羊群还没长大的时候，'狼'就被引进来了，你们说公平吗？"

"不公平！""不能让他们先吃这块蛋糕！"

在座的人们纷纷表示反对，情绪也跟着激动起来……

原来，1992年之前的中国寿险市场还是一片空白。在这种背景下，一般国家都会选择优先将本国保险产业扶持起来，然后再开放窗口让外资进入。而中国却反其道而行之，在羊群还没有长大的时候，便将"狼"引了进来。

可想而知，这样的决定势必在国内掀起一场又一场的反对之声。

格林伯格何尝不明白这个道理，可是，友邦作为这场舆论的参与者，格林伯格不好直接站出来发表任何见解和言论，因为稍有不慎就会被同行抓住漏洞借题发挥。可是，一直不辩驳也不行，如果友邦不辩解，一样会被"狼"的舆论压垮。

就在格林伯格眉头深锁时，一个人在风口浪尖上站了出来，他便是有"铁腕总理"之称的时任中国国务院副总理朱镕基。

"我们得让外资进来，带着他们先进的管理和技术；当然你得让人家进来后有钱赚，有甜头，人家才会来。"1992年3月份，时任国务院副总理的朱镕基在当月的保险业会议上说道。有国务院副总理发话，国内的保险业才心悦诚服地接纳了友邦保险。

虽然当时有保险机构的从业者建议政府应该采用合资的形式开放寿险，这样对刚起步的中国保险行业来说更稳定。但事实证明，朱镕基总理当时的考量显然是更理性透彻的。

在保险会议上，朱镕基告诉大家，国家让外资企业进入中国，是看重对方的先进技术与保险人才。友邦保险对中国感情浓厚，我们自然也不会亏待人家。就这样，友邦在极大的压力下重返上海，成为改革开放后的第一家外商独资的寿险公司。

中国政府拿出了自己的诚意，向友邦张开了友好的臂膀，友邦自然也要不负众望，立誓用保险业绩来回馈这份期待。

再次落脚上海，友邦并不感到陌生，因为它的根就在这里，而与此同时，友邦正在酝酿一次更加彻底的回家——回到它最初的创办地外滩。

1996年，友邦保险在经过一系列沟通洽谈之后，终于获得上海外滩中山东一路17号大厦的租赁权——在70年前，这里曾是史戴先生在上海创立保险公司的旧址。重新回到这个地方，对于友邦保险有着非凡的意义，这是它与过去的一次融合，是友邦历史生命的延续。经过一番整修后，1998年友邦

保险上海分公司将总部迁到了上海外滩中山东一路17号。至此，这栋大厦有了一个新的名字——友邦大厦。

在友邦大厦里：

"小刘，你来负责这次的营销员培训，"总监严肃地说道，"我们要严抓营销员素质这块，防止部分营销员为了业绩误导客户，我们要对客户负责！"

小刘应声着小跑而去，将新印的保险营销员制度手册发放下去。

"Aron，下午三点半在陆家嘴加了场讲座，你去给大家讲一下。"总监看着手上的时间表，对一位华裔讲师吩咐道。Aron讲师点了点头，将讲座安排加入了自己的时间表中。

正在大家忙得焦头烂额时，客服部的电话打了进来。

不多时，一位行政人员快步跑来："总监，豫园有位客户从医院打来电话，报案说是出险了，让代理人去看一下。"

总监立刻挥挥手："快，让与这位客户对接的代理人马上过去，有什么需要协助的及时沟通。保障理赔时效，绝不拖延！"

"好的，总监。"行政人员应声而去……

这些，就是20世纪90年代友邦中国公司的日常景象——繁忙、紧张中传递着繁荣的气息，这正与中国当时的经济发展一脉相承。与此同时，大洋彼岸的格林伯格虽未坐镇中国友邦，却也一直时刻关注中国友邦的动态。在公司内部，他力排众议将最优秀的人才分批派往中国市场，给中国保险业注入了最先进的发展经验和管理理论。

而在国内保险市场竞争方面，友邦凭借先进的管理制度和高水平人才，一度取得了较大的领先优势。但很快，友邦的优点就被国内其他保险公司纷纷仿效，从这一点上，友邦可以说是凭借一己之力提升了中国保险业的管理和服务水平。

在这里，有一个不得不说的女性，她就是在保险行业非常有名的何静芝。

何静芝女士素有"保险业大姐大"之称，她从事保险行业40年，亲眼见证了中国保险业从无到有、从弱到强。可以说，何静芝女士的亲身经历，就是中国保险行业的一个缩影。而在友邦进入中国时，何静芝正担任中国人保上海分公司总经理。

在进入中国之后，友邦保险将一部分工作的重点放在了对寿险代理人的培训上面，这就引来了中国保险业的关注，何静芝是其中最重量级的关注者之一，她关注的方式很奇特——悄悄地潜入友邦营销员中"蹭课偷师"。

在友邦的培训课上，何女士听到的、看到的都让她震惊，她当时就断言，友邦的代理人制度必然会引发国内保险营销理念的剧烈变革，也必然会被国内寿险业采用；她进而意识到，如果中国保险企业不学习友邦的代理人模式，最终的结果一定是被市场所淘汰。

"我想搞试点，但是当时友邦代理人获得的是40%的佣金，而国有保险公司的佣金上限是4.5%。"何静芝无奈地说道。单凭佣金这一条，她就没办法跟总公司开口，因为在当时的国内保险公司的模式下是不可能给代理人这么高的佣金的。

在万般无奈之下，何静芝只能自己组织了几十位"同事"，进行小范围小规模的试点。跟着何静芝一起搞试点的那几十人，都是从厂长、经理等岗位退下来的优秀人才。何静芝带着她的精英团队向友邦"偷师学艺"。

时任友邦上海的总经理是徐正广，他也为何静芝的团队打开了方便之门。于是，何静芝便带领团队在友邦公司里学习、拜访，并跟随友邦业务员一起，向当时保险意识并不强的老百姓推销保险。

何静芝坦言，在友邦保险学习的日子，她看到了中国与西方国家在保险方面的巨大差距。早在1993年，何静芝就当选了全国人大代表。为了让中国保险更上一层楼，她大胆地递交了一份书面文字给当时的江泽民总书记，并

且说道："寿险开放只能采取合资形式，因为中国人的养老钱不能够掌握在外国人手中。"

在友邦学习的日子，何静芝愈发感受到中西方保险的差距，而她的这一建议，也代表着当时中国寿险的实际情况。何静芝表达了自己的看法："担心国内的保险行业竞争不过外国的保险公司。"

当然，友邦对中国原本就有很深的故乡情结，它的友善也让何静芝笑着说道："保险本质上还是人的保险，由于文化背景不同，外资在中国市场必须面临本土化的问题，在这方面，过去的十多年已经证明了中资保险公司的学习能力比我们想象的还要好，而外资保险也并非我们所想象的洪水猛兽。"

在友邦的领先优势下，整个中国保险市场的整体水平获得了显著提升。在与其他保险公司的良性竞争中，友邦保险的业务规模和经济效益也得到了显著增长。

友邦保险的到来，不仅为中国保险市场带来了新的保险管理制度，而且还为中国保险市场培育了一批又一批的精算人才。无论是保险营销员制度，还是员工招聘管理方法，都让中国保险行业的面貌为之一新。

第三章　重返中国，友邦与改革开放同行

共同成长，友邦的保险代理人制度

"先生，买份保险吧。你每年交五千块钱，如果你被车撞了，我们就能赔你十万……"某保险公司业务员正儿八经地说道。

可是，还没等保险员把话说完，对方就气得火冒三丈。

"嘿！我说你咒谁呢，走开走开！"这位先生怒气冲冲地挥了挥拳头，然后扔下一脸蒙圈的保险员扬长而去……

对于这种场景，友邦的中国保险员是见怪不怪了。确实，在20世纪90年代保险刚刚重新在中国出现的时候，这种看似匪夷所思的场景其实是保险推销的一种常态。

中国人对"死亡""伤残""疾病"等不好的事情向来是讳莫如深的。为了避讳这些东西，大部分中国人都不会将它们宣之于口。

可保险的作用就是为了给投保人买一份保障。如果不将这些问题说明白、讲清楚，大家又怎么能认识到保险的作用呢？于是，大部分保险公司都犯了难。

为什么友邦的中国保险员没有这种担忧呢？因为友邦虽说早早接轨了中国市场，再次回归中国却是在20世纪末，这时的中国在经济和思想上已经跟世界初步接轨了，所以中国客户对"死亡""伤残""疾病"等问题看得还比较客观。何况，友邦比那些外资保险公司早入驻了70年，在那个半封建时代，友邦就已经开发出了一套推销保险的制度。经过数十年的浸润，这种制度也成为友邦向中国客户推广保险的重要基石。

为了更好地宣传保险的作用，友邦毅然决然地接受了中国市场赋予它的

挑战！

"咚咚咚。"

小区里，友邦的保险人员正在挨家挨户地敲门宣传保险。

他们热情洋溢，素质过硬，面对小区居民提出的种种问题，他们也都对答如流。

"阿姨，您看，我们这个保险其实就是给自己的生命做一个保障。我就给自己买了一份，因为我担心如果我出现意外，我的父母就失去了依靠。所以，我买这份保险主要是为了我的家人。"友邦代理人诚恳地说道。

他很机智地把"你出意外"换成了"我出意外"，这样就不会让客户产生抵触心理。果然，客户点了点头，表示愿意继续听他讲下去。等到宣传得差不多了，客户也对保险动了心，谁不想给自己和家人买一份保障呢？

但是，客户还是产生了犹豫："那万一我们出了意外，保险公司不给理赔怎么办？那这钱我不就白交了嘛。"

代理人微笑着说道："您知道嘛，豫康公记在1920年曾发生过重大火灾，当时，所有的保险公司都跑路了，只有我们友邦保险一一理赔了。当时我们赔了一千多万，那个时候的一千多万该多值钱啊，就算放到现在，这也不是一笔小数目。您想想，这一千万友邦都赔了，可以看出我们是一家非常讲诚信、按合同办事的公司，不会为了您这十万块钱赖帐呀！"

客户仔细琢磨了一下，顿时笑逐颜开地点点头。

在和谐愉快的氛围下，双方签下了保单。

这个场景在20世纪末的上海是很常见的。因为上海市场给友邦的第一个挑战，就是保险市场的环境问题。而这种新的保险销售方式，也在当时引起了社会各界的广泛关注，上海市民更是亲切地称呼友邦的第一批保险代理人为"跑街先生"和"跑街小姐"。

作为中国第一批职业保险营销员，正是他们为友邦在发展初期拿下了近90%的市场份额。

1992年的上海，保险行业才刚刚起步，当时的上海仅有3家大的保险公司，这三家公司经营的险种也主要以财产险为主。所以，真正意义上的寿险，是由友邦重新带到上海保险市场的。

当时，上海的3家大保险公司在运营方面跟银行是一样的：

保险代理人坐在公司—等客户找上门—解答客户问题—客户自行离开。

虽然20世纪末的上海仍然是中国最发达的城市，真正懂得保险的人却寥寥无几。友邦保险公司敏锐地意识到——坐等顾客上门的模式是不行的！

为了让保险代理人拓宽市场，友邦在重返上海后的首要工作就是转变保险市场的销售模式，向更多的个人客户普及保险知识。就这样，前面在小区里上门推广的一幕出现了。

可是，改变了运营方式还不够，为了加快中国居民对保险的认同度，友邦决定将"保险代理人制度"引入上海。

什么是保险代理人制度呢？保险代理人制度是国际保险公司的一种通用制度，指的是保险公司为其专门培养的一批保险销售人才而制定的各种制度。

一个健全的保险市场，应该由保险人、被保险人和保险中介三方构成。所以，早期从事保险中介的主要是一些商人、律师或银行家。他们有自己的主业，做保险中介只是顺手开展的副业。随着保险行业的市场需求增加，专职的保险代理人应运而生。

我们都知道保险公司的资金来源主要是客户缴纳的保费，为了让保费收入实现增长，保险公司只靠兼职的保险代理人显然是不现实的。于是，他们开始招纳专职保险代理人。与兼职的保险代理人相比，专职的保险代理人的业务能力更强，服务面积更广，保险代理人制度也促进了保险市场的进一步发展。

果然，这种保险代理人制度一经推出，便在美国市场上疯狂成长。为了让中国保险与世界接轨，也为了更好地打开上海市场，友邦保险果断地采用了保险代理人制度。

"报告总监，我们今年培养的寿险营销代理人超过30位了！"友邦保险办公室里，一位行政模样的人员欣喜地报告道。

这是友邦高层意料之中的事情，因为在把代理人制度引入上海市场之前，友邦的代理人制度已经在东南亚及香港地区取得了不小的成功。所以，将同样的制度移植到上海，对友邦来说是一件轻车熟路的事。

"想把寿险推广给客户，你们首先要知道什么是寿险。寿险是充满爱心的险种，寿险产品其实是爱心的延伸。我们在拓展业务时，一定要坚持规范经营，让友邦的客户放心，这样才能让中国的居民真正了解寿险，信任友邦……"

宣讲会上，一位美籍华人讲师坚定地说着。

在这场宣讲会上，友邦不仅为台下的代理人进行了专业培训，还召开了年度表彰大会。

大会上，10位业绩突出的寿险代理人受到嘉奖。

除了正常的佣金、奖金之外，友邦还为业绩突出的代理人颁发了年度大奖！

"祝贺你们！"总监真诚地为杰出的伙伴们送出祝贺，并为他们颁发了证书与奖品。看着台上伙伴们的风光，台下的小伙伴们也纷纷摩拳擦掌，立誓要在下一年奋发向上，为公司创造更多的业绩，为更多的客户送出保障，更让自己在友邦更上一层楼！

对于当时的友邦来说，引入代理人制度为自己带来的收益是非常明显的。

1994年，友邦共招收了近5000名保险代理人，这些保险代理人的业务量超过了1亿元人民币；

1995年，友邦广州分公司成立后，友邦的代理人队伍扩大到8000人，新单标准的保单收入已经达到了3.88亿元人民币；

2003年10月，仅成立一年的友邦北京分公司就培养了2400多名在职代理；

2005 年，友邦北京分公司的保费收入已经达到了 14.43 亿元。

……

友邦上海分公司凭借代理人制度，只用了三年（按照普遍规律，保险公司要实现盈利，至少需要五到七年的时间）就实现了盈利。在友邦将保险代理人制度引入中国后，国内其他保险公司开始纷纷效仿，在很短时间内，中国的保险代理人规模得到迅速增长，随着一同增长的则是中国寿险市场的保费收入及业务规模。

代理人制度的引进给上海保险市场注入了新的营销观念，促进了上海保险市场的竞争，对全国保险行业具有巨大的示范作用，间接促进了全国保险行业的改革和发展。时至今日全国保险公司约有 800 万代理人大军，而这都得益于友邦引进的代理人制度。不仅如此，它还影响到了很多行业的发展，包括医药销售行业等，整个销售理念开始在中国蓬勃发展。

代理人制度的引进让友邦名声大噪，友邦并没有就此飘飘然，除了注重代理人在前期拓展客户外，友邦保险还很注重客户的后期维护工作。

彼时，各个保险公司都开始模仿友邦的代理人模式，不少公司一味求快求大，以期赶超友邦，结果出现了大大小小的问题，其中最重大的还是保险代理人良莠不齐，且没有一个切实可行的保险制度。

为了在本土市场"击溃"友邦，不少公司出了"歪招"。比如对保险代理人的不良销售行为睁一只眼闭一只眼，再比如为了开单而用不正当手段抹黑同行。这些行为不仅对同行不公平，也扰乱了整个保险市场，大大降低了中国老百姓对保险的信任程度。

但这些都是后话，我们先暂且不表。

单说友邦保险，在代理人制度推出后，他们又加班加点出台了一系列客户维系方面的规章制度。比如一位保险代理人辞职后，手中的客户信息必须交由另外一位代理人负责，切忌出现客户有问题却找不到负责人的情况，为了保证 100% 的对接，在制度上会要求接手的新代理人必须跟客户见面，并把客户亲笔签名的"回执单"交回公司才可以。

客户相信友邦,友邦就要不辜负客户的期待。正是这样最简单不过的想法,让友邦在"回家"之后迅速建立起品牌,并赢得了信任。

就这样,友邦在中国市场开始了它的扩张之路!

南下北上，友邦的"大发展"

在上海扎住根后，友邦将目光进一步放远。再三斟酌后友邦制定了"南下""北上"两大战略。

1999年10月19日，友邦保险南下，来到了那个20年前被圈起的地方——深圳。

提到那个时代的友邦深圳分公司，就不能不提到一个至关重要的人物，他就是鲍可维。

鲍可维，美国友邦资深副总裁、友邦上海分公司总经理。当时，他以深圳友邦保险公司总经理的身份，带领深圳友邦分公司创造了一个又一个奇迹。

早在1984年，毕业于美国加州大学营销市场专业的鲍可维便进入了香港友邦。回忆起自己在香港的日子，鲍可维认真地说道："二十年前的香港和2002年的上海差不多，保险公司各部门的经营运作并不像现在这样分工。培训、宣传、跑单都是我，这对我是很好的机会。因为我自己也做单，和业务员联系很多，对我今后带领团队很有帮助。"

1999年8月，友邦决定在深圳开设分公司，鲍可维被任命为深圳分公司的总经理。当时，鲍可维身边的人劝他留在香港，他却有不一样的想法。

鲍可维说道："1999年5月我在纽约接受培训，谢仕荣（AIG副董事长，AIA董事长）给我电话，要我去深圳。虽然我当时对中国内地完全一无所知，但我仍然觉得这是一个黄金机会。"就这样，他敏锐地感知到了这个"黄金机会"，也抓住了这个"黄金机会"。

既然赴了任，那第一件大事便是为深圳友邦分公司选址。

那个年代的深圳人都知道，"地王"是深圳最高的地标性建筑，也是无数商人们挤破头也想入驻的地方。每个深圳人都以"地王"为荣，每个深圳商人都以入驻"地王"为耀。友邦挺入深圳，自然是奔着做出一番事业来的。于是，友邦也将办公地点选在"地王"。

谁知，正是这个决定，让友邦迎来了一个又一个的挑战。

"哎，你们是外地来的，又是外国来的，对深圳的保险业务总归是不熟悉的嘛。"地王大楼的友邦办公室里，某家当地保险公司的代表笑意盈盈地说道。

时任深圳友邦保险公司总经理的鲍可维先生皱了皱眉头："对不起，我已经强调得很清楚了，友邦保险现阶段并没有吸纳贵公司精英的打算。"

听了鲍可维的话，对方脸上蒙上了一层阴云："你这个人，怎么这么不知道变通……"

鲍可维对这位代表的要求有些无语，原来，友邦早已经在中国有了好名声。不管在香港，还是在回归上海后，友邦保险一直是保险行业的标杆。这次南下深圳，自然有无数同行前来"投石问路"。

深圳当地的保险公司，大多都有这样一个小算盘：我们让自己的保险精英入驻友邦，他们可以从友邦学习经验，可以在友邦那里获取客户资源。友邦对深圳情况不了解，如果有本地精英加持，那友邦也不算亏。

但是，友邦有不一样的想法。

从短时间内看，如果友邦一来就有当地精英入驻，那自然能更快地打开深圳市场。可是从长远看，这些精英固有的很多习惯并不利于友邦企业文化的传承。

思及此处，鲍可维果断地拒绝了所有带着这样想法与友邦接触的同行。

事后，鲍可维说道："我是中国人，不是哪个地方的代表。我不希望上海同事觉得我是外籍人士，而与他们沟通会有问题或产生隔阂。如果一定要缩小范围，那么，我是广州中山人。"

对方先是低估了鲍可维的长远眼光，再是低估了他的爱国热忱，可想而知，他对友邦打的算盘自然都落了空。可是，为了友邦的长远发展而拒绝同行精英后，鲍可维又该如何打开深圳保险市场呢？

在深圳分公司上下都对鲍可维的选择心存疑虑而倍感前途渺茫时，鲍可维却早早地开始了下一步活动。

"您好，师傅，去南山。"

出租车上，鲍可维一边四处观赏深圳风光，一边跟司机师傅聊着天。

与鲍可维同行的友邦高层见鲍可维的样子十分不解："鲍总，咱们哪有时间在这儿游山玩水呀，公司还有不少事儿等着您处理呢！"

鲍可维神秘一笑："咱可不是浮光掠影地旅游来了，知道我为什么要去南山吗？因为我想在南山建一个保险营销服务部。所以，咱们要先了解一下深圳，了解一下深圳人的生活。"

"噢！明白了，"该高层人士恍然大悟，"那到了南山，咱们请个导游？"

鲍可维笑着点点头："你说得对，咱们是得请个本地导游。你想想，如果我们不了解深圳人的生活，不了解他们的想法，我们又如何进行保险营销呢？"

说完，鲍可维又跟司机聊起了天："哎，师傅，您知道保险公司吗？您对保险这行业有什么看法啊……"

就这样，鲍可维亲力亲为，终于为友邦在深圳打下一片天地。

2002年5月14日，友邦保险在深圳的第一家营销服务部——南山营销服务部——正式开业。在深圳扎下根后，鲍可维又将目标锁定在团队文化建设上。

当初，鲍可维拒绝同行们的"好意"，就是为了培养一批属于友邦自己的员工，所以，他招聘的员工大多都是零经验的"小白"。这些员工通过在友邦的学习、历练，其中大部分人已经成为友邦深圳分公司的中流砥柱。

从友邦孑然一身来到深圳，挂牌子招聘，到2002年南山营销服务部开业，鲍可维走了一条从无到强的发展之路。而友邦深圳分公司的业绩增长，

就是对鲍可维能力的最好诠释。

2000年,友邦深圳分公司创下了2400万元的保费;

2001年,友邦深圳分公司的保费为6600万元;

2002年,友邦深圳分公司让业绩再次实现了100%的增长。

业绩的一路攀升,离不开鲍可维对人才的重视。

"人才是友邦的基础。我们要做两个层面:一是培训,二是增员。加入友邦,作为一位代理人,本人有期望,公司也有期望,两者结合的关键点就是良好的培训。接受培训不但是员工的权利,也是义务和责任。我不但要给新业务员培训,还要给老员工培训,要让他们温故知新,接受转变,这样才能留住那些资深员工。"鲍可维如是说。

鲍可维始终秉承友邦的保险代理人制度,在他看来,友邦需要给予保险代理人的不仅仅是金钱,还有一个未来的规划和前途。

正因友邦的诚心相待,无数保险代理人也不负众望,在深圳的保险市场闯出了一片天地。

在深圳取得如此辉煌的战果后,格林伯格也开始着手第二个目标——"北上"。

说到"北上",无数人脑海中的第一印象就是中国首都北京,格林伯格也是如此。北京作为中国政治中心和文化中心,格林伯格想在此扎根却没有那么容易。在2002年之前还没有任何一家外资保险机构有资格入驻进来。所以,格林伯格有一场硬仗要打。

提到外资保险机构入驻北京,就不得不提到另外一家日本保险公司——东京海上火灾保险株式会社。

改革开放之初,很多国家都把目光对准了中国。与友邦渴望回归中国的初衷不同,这些外资企业都是冲着中国市场这块蛋糕而来的。当然,保险公司也要赚钱,将目光瞄准中国市场也无可厚非。这其中,最值得一提的就是日本的东京海上火灾保险株式会社。

1980 年 7 月，AIG 与东京海上火灾保险株式会社几乎同时在北京设立了联络处，在友邦上海分公司成立两年后，东京海上火灾保险株式会社也将公司设在了上海，经营与保险相关的业务。

友邦推开了中国保险市场的大门，东京海上火灾保险株式会社也紧随其后。不过，东京海上火灾保险株式会社没有跟上友邦的脚步。

1995 年，中国开放了广州市场，AIG 是首先获准进入的外资保险企业。到了 1999 年，深圳在尚未被中国列为"保险业对外开放城市"时，友邦便独家获准在深圳设立分公司，鲍可维也紧紧抓住了这个黄金机会，没有让友邦总部失望。

这次，友邦将目光对准了北京，东京海上火灾保险株式会社等外资企业也将目光对准了北京。但是，友邦有一个得天独厚的优势，那就是北京市政府曾邀请格林伯格担任保险方面的高级顾问！

2002 年 6 月 7 日，北京的天空格外晴朗。

"北京是中国最重要的保险市场之一，我们很荣幸，能成为在北京开办的第一家外资保险机构！"香格里拉大酒店内，格林伯格亲自来到现场，庆祝这历史性的一刻。

开业仪式上，格林伯格红光满面且笑意浓浓，友邦开到北京，显然让格林伯格的心情极好。他破天荒地回答了几乎所有记者的问题，无论这些问题是真诚还是刁难。

"嘿，格林伯格先生，您预计友邦北京分公司在 2002 年度能创造多少业绩？"一位记者试探着问道。

"噢，关于这个问题，"格林伯格踌躇满志地说道，"虽然 2002 年还剩不到半年时间，但我有信心创造出 2000 万业绩！"

听到这个消息，在场的记者都惊住了。

半年 2000 万业绩！格林伯格是要在北京保险市场上分走一大杯"羹"！

格林伯格并非空口白话。在友邦北京分公司总经理徐水俊的带领下，友邦北京分公司上下一心，仅半年就创造了 2493.5 万元的优异业绩，给格林伯格交上了一份完美的答卷。

友邦"南下北上"的扩张不仅获得了各界人士的称赞，也让业内的人们侧目。让业内人士侧目的不光是 AIG 率先进入北京市场（按照中国加入 WTO 的条件，北京等城市被列为"中国'入世'后两年内开放城市"，可中国却提前对 AIG 开放了这些城市），还有 AIG 在中国设立的营业机构数量之多。

当时，AIG 享受了很多让其他保险公司羡慕不已的特殊待遇。

比如，AIG 入驻每座城市时，几乎都会成立两家分公司。一家是专门经营人寿保险的，另外一家则是经营财产险的。再比如，其他外资保险公司若想在中国经营人寿保险，就必须找一家中国本土的保险公司合资，但友邦保险是全资。

之前，中国本土保险公司、来华的外资保险公司都对友邦在华的特殊待遇颇有怨言。友邦北京分公司创下半年 2493.5 万元的业绩后，这些公司对友邦的怨言更深，可友邦却不以为意。

在这种情况下，有记者向 AIG 董事长格林伯格提出了相关疑问，问格林伯格是否对抱怨友邦保险在华待遇的众保险公司不满。

格林伯格只是耸了耸肩，无所谓地说道："我根本不在意他们的抱怨，而且我每天晚上都睡得很好，他们根本没有对我造成干扰。二十多年来，我亲自无数次造访中国，而且尽心尽力地改善中美关系。AIG 每年投入上百万美元用于资助中国的教育、医疗、文化和环保方面，而且，我们还斥巨资为中国购回了流失海外的文物。可那些对我们大放厥词的公司，它们又在干什么呢？"

是啊，友邦只要做好自己，不违背公司的初衷，不辜负中国客户的信赖，其他人的抱怨对友邦来说又算什么呢？

就像格林伯格说的那样："他们要抱怨就抱怨好了，我可以借给他们一个扬声器！"

友邦，永远不会因为这些微词而停下征途！

第四章

扛过逆境，经济寒冬中的坚持

站稳中国市场，友邦在迎来大发展的同时，也经历一次又一次的困难打击，在20世纪90年代保险业寒冬和中国降息的大环境中，在2003年的"非典"疫情中，在2007年的全球金融"海啸"中，在同行、竞争对手的一次又一次抹黑非议中，友邦保险经受着洗礼，也在不断地成长。就像其他百年企业一样，打击不会让友邦倒下，而是让它更加强大。

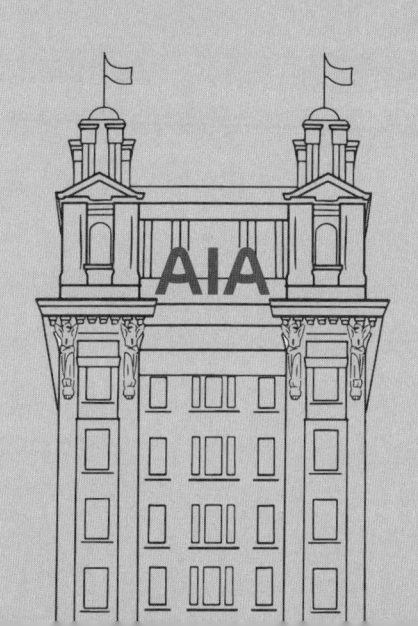

扛过保险寒冬，友邦逆势增长

20世纪90年代的前五年是中国保险业的黄金年代，富裕起来的中国人越发重视保险，中国的保险企业也迎来了第一次疯狂的大发展。友邦"南下北上"的发展战略顺应了时代的发展，因而友邦也获得了难能可贵的发展契机。

然而，在行业疯狂发展的背后，隐忧也逐渐开始暴露出来。终于，在20世纪90年代的后五年，一场前所未有的打击让保险业进入了寒冬。

从20世纪90年代末期，友邦开始逐渐走出上海，开启了它的全国发展战略，并最终取得了极大的成功。能够获得这样的成功，除了友邦自身的努力之外，其实还得益于一个特殊的同行——平安保险。

20世纪90年代初，诞生于深圳特区的中国平安保险公司，借着中国经济复苏的东风来势汹汹地杀向了上海保险市场。平安保险是中国本土企业，也是特区政府重点扶持的金融企业，在国内市场上本来就具有得天独厚的优势，而当时的友邦上海分公司只是美国国际集团旗下的一个分部，虽然在中国各界一直有很好的口碑，但面对平安保险的竞争，友邦还无法占据上风。

再加上之前已经站到友邦面前的竞争对手中国太平洋保险和中国人民财产保险等公司，友邦在上海的发展空间越来越有限，只能被迫走上"南下北上"的道路，到对手的地盘上去拓展生存空间。

然而，第一步刚迈出去还没有站稳，友邦立即就遇到了一个大坑。

友邦多年的发展得益于代理人制度，而自从友邦在中国本土推出这个经营模式之后，中国保险行业在几年间几乎全部采取了友邦的模式。这种同业之间的学习本是对中国保险行业发展的促进，然而在实际经营过程中，问题却出现了。

走进友邦

20世纪90年代，中国就业市场平均水平还比较低，保险行业也不例外，这就导致很多小的保险公司很难找到大批高素质的代理人。而没有高素质的代理人，那就只能对一般员工进行大规模培训，用培训来弥补他们在保险知识、营销技巧和职业操守上面的种种不足。

然而，当时的保险业正处在大发展的时代，几乎所有保险公司都缺人，在这种现状下，一些小保险公司便有意无意地忽略了对保险代理人的培训工作，这就造成了严重的后果——保险行业门槛开始变低，一些本来不适合从事保险业的人开始进入这个行业，这些人开始扰乱整个行业的秩序。

为了提升业绩，为了多拿提成，一些不合格的保险代理人使出各种手段销售保险，种种不负责任的行为造成了极大的行业乱象。

某小区内，一个趿拉着凉拖的保险员正不耐烦地对客户说道："哎呀张阿姨，您就放心买吧，只要您签了字，以后不管出现任何问题我们×××保险都会赔偿您的！"

张阿姨还是有些犹豫："你还是让我好好看看合同吧。"

保险员一撇嘴："这合同有十几页呢，您能看明白吗？这样吧，您只要现在签字，如果以后真有意外发生，我们公司再赔您十万，总可以了吧？"

"那行，那行！"张阿姨赶紧签下了字。

一年后，张阿姨重病，让老伴去×××保险公司领取赔偿。

可×××保险公司也是一头雾水："阿姨，您好，您这个保单上明确写着，只有发生意外才能获取赔偿，疾病是不包括在内的。"

"什么！这，"张阿姨老伴也愣了，"可是！你们公司保险员口口声声说可以赔啊！怎么现在又不能赔了呢？我要去告你们！"

×××保险公司解释道："您怎么不看保险合同呢？就算您告我们，法院也是以保险合同为主的。很遗憾，按合同我们不能给您进行理赔。"

"骗子！你们保险公司都是骗子！造孽哟……"张阿姨老伴坐在保险公司大

门口放声大哭，来往的行人也纷纷侧目，将鄙夷的目光投向了XXX保险公司。

20世纪90年代中期，这样的故事几乎每天都在保险行业上演。顾客找上门来、告上法庭，甚至于找新闻媒体曝光，让整个保险行业一天天地蒙羞。一时间，保险行业竟演变成"骗子行业"，成了"过街老鼠"！

20世纪90年代初期，人们提到保险公司还认为在那里上班是体面的工作，但到了中期，如果亲朋好友在聊天时得知谁家孩子去了保险公司，立刻就会将他们指责得抬不起头来——"哎哟，你家孩子怎么干这种事啊！保险公司都是骗人的！"

乱象频发加上新闻报道，让社会对保险行业产生了极大的不信任感，这种信心的丢失让保险行业很快便迎来了寒冬，保险公司的保额开始急剧下降，一些小的保险公司甚至有资金链断裂、支撑不下去的风险。

中国有句古话叫"覆巢之下，焉有完卵"，整个行业都遭受到浩劫，友邦也不可能独善其身。西方有句谚语说：雪崩的时候，没有一片雪花是无辜的。但是，对于当时和其他同行一样遭遇保险寒冬的友邦来说，它的内心却感觉无比的冤枉，因为这些事情本来与它无关。

代理人模式最早是友邦带给中国保险行业的不假，但友邦在保险代理人选拔方面的把控一直非常严格，在招人、选人和培训上面，友邦可以说是中国保险业投入最大的，可以这样说，友邦非但没有搅乱市场，反而是被一些不负责任的同行拖下了水。

然而，友邦没有想到的是，自己不但要被拖下水，更要遭遇一场无妄之灾。一些媒体在报道保险业乱象的时候，纷纷将矛头对准了友邦，媒体上先后出现一些歪曲事实批评友邦的文章，媒体毫不吝惜对友邦的口诛笔伐，而被媒体引导的公众也开始谴责友邦。面对公众的谴责，友邦简直是"哑巴吃黄连"，满肚子的苦楚无处诉说。与此同时，当初眼红友邦保险在华待遇的国际保险公司也纷纷跳出来，不停地在负重的骆驼身上施压稻草。

走进友邦

在那段时期，友邦保险的工作人员就如同穿着薄衣在寒冬中前行，他们痛苦的不只是同行的抹黑，还有一些人的捕风捉影与空穴来风。不少人承受不住这样的压力，纷纷向公司递交了辞呈。

对想离去的员工，友邦并没有太多的挽留，因为每个人都有自己的选择，现在公司陷入寒冬，员工为了生计而选择其他的工作无可厚非。但友邦为员工考虑，谁又能为友邦考虑呢？对于这一切，友邦只能默默承受着舆论带来的伤害，同时做好自己该做的工作。

就在大家焦头烂额、几近绝望的时候，一个好消息打破了冰层——中国政府并未忘记友邦贡献过的种种，它首先站出来将清白还给了友邦。

1996年8月23日，《人民日报》率先为友邦保险发声。在当天的报纸上，一篇名为《友邦冲击波》的文章让友邦稍稍摆脱了这种尴尬的处境。这篇文章一经刊出，很快就获得了媒体的转载，这篇文章对友邦是肯定，更是一种澄清，对于中国保险业是一种澄清。它让一部分人恢复了对友邦保险的信心，并逐渐开始客观地看待保险行业。

事后，时任友邦保险上海分公司总经理的徐正广整理了自己的回忆，让我们看看徐正广是如何说的。

在最初的教育自己同时也培育市场的过程中，成功的讯息一个个接踵而来。

通过代理人的宣导和销售，越来越多的百姓知道了保险，百姓的保险意识和市场需求被慢慢唤醒了。

一时间，这种崭新的推销模式引起了社会各界的广泛关注，在当时还被《人民日报》称为"友邦冲击波"，为市场所广泛认同，更被写进1995年新颁布的《中华人民共和国保险法》。

之后，各大寿险公司纷纷采用这种推销模式，从此寿险代理人逐渐成为一支百万产业大军，他们为其后中国寿险业的繁荣发展和满足人民的保险需求做出了重要的贡献。

其实，不只是《人民日报》，一些重点高校的教授也纷纷为友邦的营销模式发声。中央财经大学保险学院院长郝演苏对友邦保险给予了这样的评价：

友邦保险无疑是外资保险公司进入中国保险市场的典范，因为它不仅改变了中国保险业的运动轨迹，也影响了中国保险从业人员的观念和思维。

就在中国官方媒体和相关专家为友邦发声时，友邦也在积极地反省自己：为什么我们没能在第一时间采取措施？为什么在"莫须有"罪名抛过来时，我们却不懂如何正确反击？

友邦高层再三思索这些问题后，得出了这样的结论——除了推广保险外，公司还要做好宣传和公关，让购买保险的客户真正放心。这是友邦第一次在中国转变思路，将工作的一部分重心放到了公关宣传上面，这种转变一直延续到了今天。

得到那样的结论后，徐正广和友邦高层立刻聘请了上海波特曼大酒店公关部的原经理助理为友邦上海分公司的公关经理，同时加大了友邦的品牌推广力度，从多个角度恢复社会对友邦的美誉度。

眼看着就要安然度过危机，友邦公司上下都松了一口气。然而，另一个让保险业更加恐慌的消息出来了——央行降息。

"什么？又降息了！"办公室里，徐正广揉了揉发痛的太阳穴。

一旁的行政人员不敢打扰，只是轻轻地点了点头。

徐正广皱着眉头问道："这是第几次降息了？"

"第……第七次。"行政人员小心翼翼地说道。

"哎，还好我们眼光放得够长远，早就看出中国利率不可能长期过高这个事实，"徐正广叹了口气说道，"这回，不少保险公司都没产品了吧？"

行政人员点点头："是啊，很多。如果不是今年成立了保监会，像 xx 保险和 xxx 保险这样的小保险公司，估计就要倒闭了……"

自 1996 年到 1999 年，中国政府开始将经济变革的重点放在金融这一领域，开始对金融业进行频繁的调控。在这期间，央行不止一次用降息手段干预金融市场，让整个金融行业都受到极大的影响，而保险行业作为金融的排头兵，自然也要受到波及。

每一次降息，对于金融企业的资金流都是一次巨大的考验，而资金不足的保险公司又只能眼睁睁看着市场份额一点点萎缩。那么，在这次金融调整中，友邦又是怎么做的呢？

其实，友邦在亚洲的发展早就经历过降息的打击，所以这一次可以说是有备而战。曾经在新加坡等地经受过降息苦楚的友邦，在得知中国央行调整金融市场之后就已经做好了多手准备，及时调整发展战略、增加备用金……

所以，虽然降息或多或少地冲击了友邦的部分产品，却没有对友邦保险造成负面影响，也没有让友邦停止销售原有产品。而友邦上海分公司的主要竞争对手平安保险就没有这么幸运了。由于之前没有经验，平安保险在降息所带来的资金短缺中逐渐停售了部分产品，业务和信誉也受到了不小的冲击。

平安保险是这样，其他保险企业也是这样，降息的 4 年让整个保险业都无比痛苦，而当进入新的千年，当保险业的金融寒冬终于告一段落，中国众多保险公司在收拾完烂摊子后，大家才猛然惊觉：友邦因为早有准备，已经获得了极大的竞争优势，不但在保险寒冬中坚持了下来，还扩大了市场份额，此时的友邦，已经俨然成为中国寿险领域的一杆旗帜。

扛过"非典",友邦与中国同在

在我们这个地球上,灾难总是突然降临人间,不给人一丝准备的机会,就像2003年的"非典"、2008年的汶川地震和2020年的新型冠状病毒肺炎疫情。但也正是在突如其来的灾难中,我们更能够看到一个人、一个集体或是一个企业的社会责任感。在灾难面前,那些挺身而出肩负责任的企业,往往就是一个时代最优秀的企业。

2003年年初的北京,早春空气中飘散的不是花朵的芬芳,而是消毒水的刺鼻气味。"非典"的来袭,让北京进入一个特殊的时期,北京街头失去了原有的喧嚣与热闹,剩下的只是空旷的街道和往来穿梭的公共汽车。

2002年,在友邦保险"南下北上"的战略布局中,友邦北京分公司成立了,然而成立的锣鼓刚刚敲响,"非典"就在第二年悄然而至。对于刚成立一年的友邦分公司来说,在北京的第一个春天是无比艰苦的,但在艰苦的经历中,也保留了一些难忘的记忆。

"之前公司下发通知,给大家放长假,希望大家能暂时离开北京。现在来看,只有少数同事离开了,大多数人还是不愿意走的,那我们就要做好'非典'的应对工作。"友邦北京分公司的一位经理说道。

"办公室每天都消毒,每天都在做体温监测,应急药物也有储备,大家这边都没什么问题了。"一位内勤员工回答道。

"很好,既然大家选择留下继续工作,公司就要确保大家的健康和安全,这些工作一定要做好做足,不能有丝毫懈怠。"经理继续说道。

"之前有客户电话咨询'非典'患者是否赔付的问题,按照前两天开会的内容，已经告知给客户了。"另一位员工说道。

"很好，确认客户具体情况后，赔付一定要及时到位。下一步还要做好客服中心的接待工作。"经理叮嘱道。

"非典"期间，热闹的北京迅速归为沉寂，大街上看不到穿梭的人群，各种商务宴请、商务拜访也被迫停止。在这种情况下，根本就没有什么开发客户的机会，整个保险业都陷入到了前所未有的低迷当中。

公司业务低迷，员工却不能不赚钱，尤其是保险业，从业者多在30岁以上，大多已经成家，每一个员工的背后都是一个家庭。

面对这种情况，友邦怎么办？友邦的解决方式是，让员工尽量利用电话、网络进行办公，尽量开展可以进行的工作，对于业绩，在允许范围内的业绩下滑不与考核挂钩，保证员工留存率。

对社会尽责，首先要对自己的员工尽责，友邦这第一步就赢得了员工的心，让员工觉得友邦确实是一个温暖的企业，一个值得他们托付"终身"的企业。

之后的一段时间里，友邦北京分公司每天都利用早会时间安排具体工作，工作的重心之一便是联系之前投保的客户进行理赔。

要知道，"非典"的出现完全是出乎全世界的预料的，因此当时国内的保险市场，根本就没有一项专门针对非典型肺炎的保险产品，也就是说，根本就不可能存在对罹患"非典"的理赔。

有些保险公司就利用了这一点，既然投保的客户不主动提，他们便装作疏忽。但是，友邦并没有这样做，友邦针对之前推出的"住院费用补偿"及"住院津贴"等计划，将其列入可以对投保人罹患"非典"进行赔付的相关险种。在"非典"疫情暴发后，友邦保险总部就立即下达指令，要求各分公司率先整理购买这类保险的客户，主动将可以提供赔付的消息通过各种渠道通知客户，并且还扩充了保险责任，为不幸罹患"非典"的客户额外发放慰问金。

而事实果真如友邦想的一样,很多客户都是在收到通知后,才了解自己购买的保险是可以为罹患"非典"进行赔付的。而且,除了正常赔付之外,对于每一位"非典"患者,友邦还额外提供了6000元的慰问金,这在当时是绝无仅有的。要知道,当时医疗机构对于"非典"的治疗还处于探索阶段,"非典"患者不仅要背负沉重的心理负担,经济上的压力也是很大的。而友邦这一做法,等于是为患者雪中送炭,解决了很多客户的燃眉之急。

友邦的赔付力度有多大?在当年保监会的保单榜上可以看到,对于"非典"患者,从报案到理赔,友邦的接受率是100%,引起保险行业的一片轰动。

友邦有必要这样做吗?无论从责任上还是从道义上,友邦都觉得他们应该这样做。因为友邦有一个信念"做到的要比承诺的更好。"这是友邦的精神,也是友邦的服务宗旨。但是,在那个人人自危的时代,能够主动站出来为客户、为社会分担的保险公司毕竟不多,也正因为如此,友邦的行为才更显得难能可贵。

在做好这项工作后,友邦开始进行第二项重点工作。它利用自身资源优势,在广州、上海等地与有关部门携手,共同投入到"非典"防疫宣传工作之中。在这场防治"非典"的宣传战中,友邦营销员成为中坚力量。

在"非典"疫情暴发初期,友邦各分公司就建议保险营销员暂时待业在家,等到疫情过去之后再恢复工作。但除北京分公司外,各其他分公司依然有不少保险营销员决定奋战在第一线,为"非典"宣传贡献一份力量。在这一时期,友邦营销员的跑单量被赋予了全新意义,它不仅意味着营销员为多少客户介绍了友邦保险产品,更为重要的是友邦营销员让更多的人了解了"非典"防治知识。

"您好,我是友邦保险的……"一个带着大口罩的中年男子对着一位妇女说道。

"你别冲着我说话,别对着我。"中年妇女脸上流露出不悦的神色。

"啊,好好,你看我这样侧着脸说行不。"中年男子侧过脸,眼睛眯成了一条线。

"说啥啊,你说吧。"中年妇女的紧张感渐渐消退。

"您好,我是友邦保险的……"男子话刚出口,就被打断了。

"我不买保险啊,不买,不买。"中年妇女打断了男子的话。

"不是,我这次来不是跟您推销保险的,我是来宣传'非典'防治知识的。"男子赶紧拦住妇女,将手中的宣传手册递了过去。

"哎,你别对着我啊,别对着我。"妇女再次紧张起来,但还是接过了宣传手册。

"是这样,现在正值'非典'疫情高发期,还是建议您外出尽量佩戴口罩,口罩最好选择质量比较好的,要勤更换。家中则要经常消毒,如果家人有咳嗽发烧,一定要及时就医,不要拖延。"男子侧过脸后开始向妇女介绍道。

"你看我们这宣传单上有各种症状,'非典'防治的事项也列得很全。如果您有什么不懂的地方,可以拨打下面对应的联系电话进行咨询,这是24小时接通的电话。"男子继续说道。

"啊,是这样啊,那真谢谢了,你们还挺好。那你们这个保险有什么专门应对'非典'的吗?"中年妇女问道。

"保险这块……"中年男子继续向妇女介绍道。

在"非典"期间,这种对话发生在每个友邦营销员与客户的对话中,一些拜访客户较多的营销员,一天甚至要重复20遍以上"非典"要如何防治、"非典"发生了要怎么办之类的内容。可以说,那一时期友邦营销员在"非典"宣传上面付出的辛苦,要远比保险宣传多。

友邦为什么要做这些事情？其实这和今天的很多企业向灾区捐款、很多人主动支援灾区一样，是一种自发自愿的义务。作为中国企业，灾难降临在中国就是降临在自己身上，自己有义务和国家、社会一起承担。

"非典"时，那些在"前线"抗疫的医护工作者难道不知道他们有被感染的风险吗？他们当然知道，但大义当前，义不容辞。友邦人也是一样的，他们当然知道做这些宣传不是他们分内的工作，但作为中国企业、中国人，他们不做谁做呢？

其实，我们的国家之所以一天天强大起来，也正是因为有了这些能够担负起社会责任的企业，有了这些可爱的人。

走进友邦

扛过金融危机，艰难的上市之路

友邦在回归中国之后遭遇了两次重大打击，一次是源于同行的人祸，友邦只是被拖累的那一个；第二次是由于天灾，在"非典"疫情面前，中国的每家企业都遭受了同样的损失，友邦当然也不能避免。

但是在 2007 年，友邦遭遇了它进入中国之后的第三次重大打击，这次打击完全是因为"自身原因"。这次打击几乎把友邦推到了悬崖边上，再往前一步就是万劫不复的深渊。友邦能够最终走出这次打击的阴霾，可以说是既有命运眷顾的天时，又有背靠中国市场的地利，还有友邦人自己努力的人和。

那么，当时到底发生了什么事情呢？让我们把先时间调回到 2003 年。

2003 年，美国纽约街头。

"听说国会划拨资金帮咱们买房付首付了，你知道不？"23 岁的青年流浪汉安德森对同为流浪汉的詹姆斯说道。

"当然，我已经向商业银行申请贷款了，很快我就能拥有自己的房子了！"詹姆斯高兴地说道。

"真的吗？那可太好了，我也要去申请试试。"安德森对此表现出了极大的兴趣。

2005 年，美国纽约一咖啡馆。

"兄弟，你可真行，你的房子涨了快 20% 了吧！"安德森对詹姆斯说道。

"还可以吧，我打算把这套房抵押后，再贷款买一套房。"詹姆斯说道。

"还可以这样操作吗？可以的话我也再买一套。"安德森显得有些激动。

"当然，好多人都这么做了！"詹姆斯胸有成竹地说道。

在西方国家，贷款是一件很常见的事情，美国人无论是买房子，还是买汽车，都很少使用全款购买，他们通常是选择长时间贷款的方式来进行消费。但是，贷款需要有持续的现金流，所以西方国家才特别重视失业率。

但是，一个正常的社会总会有失业的人，他们会经常出现不稳定或者零收入的状况，那么这些人的信用等级就达不到去银行贷款的标准。这个时候，对于他们来讲买房买车，就成了难题。很快，金融市场的另外一部分人就为他们解决了这个问题。

在这个时候，市场上开始出现了贷款公司的广告：

"您想过中产阶级的生活吗？那就去买房吧！"

"收入不多？积蓄不够？没关系，去贷款吧！"

"首付付不起？别担心，我们给您提供零首付！"

"担心利息过高？没必要，前两年我们给您提供3%的优惠利率！"

"每个月的还款承担不起？没关系，前两年您只需支付利息就行，贷款的本金您可以两年之后再付！"

"两年后还付不起？那就更没有必要担心了。看看如今的房市，您只要随手一转卖，就可以大赚一笔！"

于是，在这样的诱惑下，就出现了上面的那种对话。但是，贷款公司把钱贷出去了，能否按时收回来呢？这成了让所有人都疑惑的问题。

贷款机构自然早就做好准备了，他们找到了其他的一些金融机构来和自己一起分担风险，如美国经济界的带头大哥投行。之后投行又通过发行债券，帮助房屋贷款的持有人来分担一定的风险。

投行为了分散风险，又找到在"全世界金融街买空卖多"的对冲基金，对冲基金又找到利率最低的银行借钱买入很大一部分债券。但是，这期间还有风险怎么办呢？于是保险公司就来担保，他们收取保费，但如果出现问题他们则负责理赔。这样一来，所有人的风险都变小了，那么做次级贷款的金融机构的风险也小了。于是，在美国，一时间出现了根本就没有还不起房款的问题，房地产市场开始进入了"繁荣"的阶段。

房市的"繁荣"发展，让贷款公司和投行及对冲基金赚得盆满钵满。于是，为了得到更多的好处，一些金融机构又相继推出了各种养老基金、教育基金和理财产品等。因此，在这一时间，不仅房市呈现"繁荣发展"的局面，就连金融机构也一派欣欣向荣。

然而，房市的虚假繁荣最终还是被揭开了真面目。2006年底，风光了近5年的美国房市终于从顶峰上摔了下来，由于房价下跌，一系列的食物链也终于出现了断层。在优惠贷款利率到了期限之后，先是一些普通的民众无法偿还贷款，紧接着那些负责次级贷款的金融机构或者贷款公司纷纷倒闭，之后对冲基金大幅亏损，继而保险公司和一些银行也受到了连累。

2007年，美国纽约某商业银行门外。

"嘿哥们，这是怎么搞的，房价为什么跌得这么厉害，我已经还不起贷款了。"安德森对詹姆斯无奈地说道。

"谁知道怎么回事，我的几套房子已经被银行收走了，现在从银行也贷不出款来了。"对于当前情况，詹姆斯也显得颇为无奈。

2008年，美国雷曼兄弟纽约办事处门前。

"连雷曼兄弟都倒闭了，我们还是别指望政府了，都看紧自己的钱袋子吧！"一位白发老者在人群中呼吁道。

一时间人们陷入恐慌之中，四散而去。

金融危机终于来临，美国花旗银行、摩根银行相继发布巨额亏损报告，与此同时，投资于对冲基金的各大投资银行也纷纷发布亏损公告，紧接着股市大跌、民众亏钱，无法偿还房贷的人越来越多，一场席卷全球的次贷危机爆发了。

次贷危机爆发，全球性金融危机汹涌而至，先是雷曼兄弟申请破产，之后美林证券被美国银行收购，从此拉开了全球股市大崩盘的序幕。

在这场金融危机中，友邦母公司美国国际集团与雷曼兄弟一样，也陷入一场清偿危机之中。但与雷曼兄弟不同的是，美国国际集团获得了美国联邦储备委员会的帮助，成功从这次金融"海啸"中脱险。

但是，政府的钱拿着容易，过后可是需要连带高额利息偿还的。所以，在危机过后为了偿还政府债务，美国国际集团必须要做出决定。此时的友邦，可以说是到了生死存亡的重要关头。

让我们来分析一下，从当时全世界的经济形势来看，美国国际集团的财务状况是不可能在短时间内好转的。而为了免于倒闭，美国国际集团四次接受美国政府提供的总额高达1823亿美元的贷款。为了还债，美国国际集团不得不加紧处置旗下资产。而友邦保险，是其获得资金的关键。于是，美国国际集团进行了一系列操作。

2009年5月，美国国际集团宣称将推动友邦保险定位为独立法定机构。这样做的目的是为了切断美国国际集团的债务风险向友邦保险传递。

2009年12月，友邦保险准备在香港上市。

2010年2月，美国国际集团打算在3月底提交友邦保险的上市聆讯，并于4月招股，集资额最高可达200亿美元。这笔钱，对于解决集团当时的债务问题会有很大帮助。

但是，为什么要让友邦在香港上市呢？这就不能不说一说次贷危机中的中国了。当全世界各大经济体都在金融"海啸"中呻吟哀号的时候，中国经济却一路稳健，展示出"风景这边独好"的景象。而友邦也正是因为有中国市场这个大靠山，才成为当时美国国际集团最为稳健的业务。所以，选择在中国香港上市，既有对友邦中国业务的考量，也是对中国经济的信心。

而自1992年起友邦开始在中国乃至整个亚洲市场发力，经过十几年的深耕发展，友邦已经在中国乃至亚洲获得了极好的口碑和大量的市场份额，从这方面来讲，友邦香港上市的前景是颇为乐观的，至少资本市场当时对友邦是非常看好的。

然而，友邦毕竟还背负着替美国国际集团还债的"政治任务"，如果友邦上市后依然要承担部分还债的负担，这样就必然会影响友邦今后的发展战略，进而拖慢友邦发展的步伐，这恰恰是投资者有所顾虑的方面。

然而，即便投资者疑虑重重，友邦上市却是不能止步的，因为在大洋彼岸，美国国会还在催促美国国际集团还钱。而友邦也向投资者承诺，在公司上市之后，尽一切所能减少美国国际集团对自己的干预，把投资者的疑虑降至最低。

然而，正当友邦人感觉自己终于可以松一口气时，母公司美国国际集团此时又来添乱了。2010年3月，正当友邦公司全力筹备香港上市时，美国国际集团突然叫停了友邦的上市准备工作，原因是英国保诚集团愿意出资350亿美元全盘收购友邦的全部业务。让出部分股权融资200亿美元让友邦上市，或者完全出售股权换取350多亿美元现金，美国国际集团认为后者更有诱惑力。

眼看着几个月的上市筹备成果付诸东流，友邦上市筹备人员的内心备受煎熬。本就成为资本市场热门话题的友邦如果能够迅速完成上市，至少能够凭借此前累积的品牌声誉继续占据亚洲市场龙头位置。现在突然停止上市，收购谈判成功还好，如果谈判失败，那无疑是"赔了夫人又折兵"了。

"经过股东会研究，我们认为之前确定的收购价格过高，关于这一点，我们需要再讨论一下。300亿美元或许是一个比较合适的价格。"英国保诚集团谈判代表说道。

"我们认为价格很合理，你们知道友邦在亚洲市场的地位和价值，你们应该多看看它未来的发展前景。"美国国际集团谈判代表回应道。

这样的对话持续进行了几个月,最终在双方都不肯让步的情况下,友邦收购案宣告失败,美国国际集团不得不再次重启友邦上市工作。

近一年的收购谈判不仅让友邦错过了最佳的上市时机,也让友邦的品牌声誉受损不少。这一时期,无论是投资者还是保险购买者都对友邦的未来产生了疑惑。

但友邦并没有再疑惑,它与美国国际集团约法三章,不准集团再干涉友邦上市事宜。而美国国际集团也乐得顺水推舟,原因是它们也不愿意低价出售友邦,美国国际集团知道友邦的价值绝不只有300亿,这也是其敢于推迟友邦上市的信心所在。

在IPO之前的定向募集中,美国国际集团坚持友邦高估值的做法让许多竞购者望而却步。但即使如此,美国国际集团依然没有让步的意思,因为它们对友邦价值及友邦未来前景绝对看好。

而从友邦的角度来说,虽然觉得国际集团定的价格过高会影响上市,但也想看一看资本市场对自己的定位到底如何。于是,在多方考量之后,友邦同意了美国国际集团的计划。

经历了前期一波三折的上市筹备后,2010年10月29日,友邦保险终于成功在香港联合交易所完成上市。此次友邦除了将其在亚洲13个国家和地区的保险业务上市,还将美国人寿在菲律宾和中国台湾地区的寿险业务纳入上市计划,总资产额高达600亿美元。

在整个上市过程中,亚洲地区保险市场的巨大潜力成为友邦上市的最有力筹码,在摩根士丹利、德银、花旗和高盛等11家投行的助力下,友邦上市当日以23.05港元收市,这与每股发售价19.68港元相比上涨了17.1%。

通过上市,友邦共募集到178亿美元,这让友邦上市成为香港市场有史以来最大的一次IPO,同时也是全球有史以来第三大IPO和全球保险业最大规模的 IPO。完成上市后，友邦才终于从巨大的危机中走了出来。现在的友邦已经完全从美国国际集团独立，成为一家能够独立掌握自己命运的保险巨头。

对于友邦保险来说，香港上市是一个重要的时间节点，无论是金融危机中的劫后余生，还是上市过程中的一波三折，都成为友邦在下一个十年中创造辉煌的背景板。从 2010 年 10 月 29 日开始，友邦以一种更为独立、更为自由、也更为负责的姿态重新出现在世界保险市场的舞台上。

扛过对手攻击，友邦因为强大而"招黑"

在中国市场这些年，友邦保险经历的打击绝不仅仅是上面这些阶段性的天灾人祸。实际上，这些年友邦所经历的打击几乎是全方位且从不间断的，但也正是有这样的打击，才最终锤炼出一个强大的友邦。

前些年，友邦人经常会遇到这种尴尬问题："听说你们友邦就是骗子公司，是真的吗？""你听说你们公司前些天那个××丑闻了吗？都上新闻了！"

每每遇到这种问题的时候，"新人"往往会面红耳赤地与对方争辩，但"老人"则表现得很淡定，"这些对我们冷嘲热讽的人，其实并不想听到我们的解释，只是想用言语打击我们罢了，你和他们争辩是没有道理可讲的！"

其实，友邦保险多年来频繁遭到抹黑，背后的始作俑者想想也能够明白，大家共同竞争一个市场，一些不那么规矩的保险公司在市场上竞争不过，在背后使一些招数是再常见不过的事情了。

最开始，友邦保险最经常被黑的是它的"美国身份"，因为隶属于美国国际集团，所以友邦经常被竞争对手冠之以"美国友邦"的称号，这戏谑的称号本没有什么，但挡不住有些手段低劣的竞争对手对这个称号的发挥。

"友邦是美国公司，在中国就设了个办事处，说不定哪天就卷钱跑了，到时候你投在友邦的钱都得打水漂！"这样的流言开始流行，以至于一些不那么了解事实的顾客真的会相信，这对于友邦来说就是极大的损失。

对于这样的谣言，友邦虽然恨，但没有办法，只能通过各种公益活动宣传自身，将自己对中国的贡献做在台面上，让更多人看到友邦的社会责任。

2010年，友邦在香港上市，谣言终于也告一段落。然而，新的谣言又出现了，一会是"友邦虚构利润，虚构投资收益"，一会儿是"友邦截留保费""友邦苛责代理人"……

四下散播的谣言让友邦焦头烂额，好在公司鉴于当年"代理人事件"的结果成立了公关部门，在面对谣言时，公关部门只好拼命充当救火队，"哪里"有谣言就去哪里"灭火"。

不过，这些谣言毕竟都是捕风捉影，只要公关部门稍微发力就会不攻自破，更有了解情况的顾客本身就不相信这些，所以这些谣言对友邦的伤害并不大。

但谣言之后友邦也在思考，为什么顾客会对自己有种种误解呢？一方面是因为竞争对手的抹黑，另外一方面还在于自己宣传工作没有做到位。所以从那以后，友邦不再做闷头的小伙伴，转而将自己的真实成绩宣传给社会大众，主动营造良好的公众形象，进而将谣言扼杀在萌芽阶段。

如2015年，友邦就对外公布了这样一则案例：

2011年1月，某地一位杨先生在友邦分公司投保了友邦全佑一生"五合一"疾病保险，保额为48万。2012年2月，在一次健康体检中，杨先生不幸被诊断出有甲状腺结节。

在入院治疗的同时，杨先生申请了保险理赔。3月初，友邦理赔到账，杨先生的住院费、手术费和住院津贴共计理赔3270.34元。

2014年5月，友邦代理人小李为杨先生做售后服务时，无意间向他介绍了友邦的一起甲状腺癌理赔案例。了解到这一情况后，杨先生才反应过来，自己当时确诊的结果也是甲状腺癌，但在2012年理赔的原因却是甲状腺旁腺腺瘤。小李对此也颇感疑惑，直到听完杨先生的叙述，他才明白了其中的原委。

据杨先生介绍，自己在确诊甲状腺癌后，曾让家人去医院复印了自己的病历资料。家人拿到手中的病理报告有两份，一份病理报告的结果是甲状腺旁腺腺瘤，一份病理报告的结果则为甲状腺小乳头状癌。

当时这两份病理报告并不是同时出来的，在第一份甲状腺旁腺腺瘤报告出来后，杨先生便申请了保险理赔，友邦理赔专员收到了杨先生提供的第一份诊断结果和病理报告，便迅速接入了理赔流程，几天便完成了保险理赔。当第二份病理报告出来后，杨先生自认为病况不太严重，还没有达到可以理赔的程度，因此未申请保险理赔。

在了解完所有情况后，小李与杨先生一同整理了相关理赔资料，并迅速上报分公司。友邦理赔部在收到资料后，迅速与杨先生所入住医院取得联系，对资料进行了核实。在确保资料真实性后，将理赔资料递交到友邦总公司等待批复。

2014年6月18日，友邦北京分公司理赔部通过小李向杨先生转达理赔申请通过的结果。

从这个真实案例的后续来看，友邦做得真的非常好。

杨先生不仅获得了48万的全额理赔，同时还获得了友邦返还的多缴保费。因为杨先生的甲状腺癌确诊于2012年，但申请理赔的时间却是2014年，中间这两年时间，杨先生相当于多交了两年的保费。一般保险公司可能会按照客户申请理赔的时间来终止保险合同，杨先生就只能白白多缴了两年保费，友邦却将这笔多缴的保费退还给了杨先生。

当这样的故事摆在公众面前，再对比一些用各种理由搪塞、推脱，拒不执行理赔申请的不法同行，孰优孰劣自然就一目了然了。

而事实上，也正因为友邦持续地进行这样高质量、讲良心的服务，才一次又一次地获得各种来自顾客和社会的认可。

2015年，友邦荣获了中国证券"金紫荆奖"中的"最佳上市公司"奖，是当年唯一一家获奖的保险企业。

2019年，友邦连续五年实现亚洲地区寿险第一，公司总市值达到1250

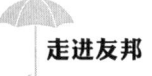

亿，在福布斯排出的全球500强品牌中位居第111位。

二十多年过去了，非议打击一直都在，友邦却越来越强大。明天，也许友邦和友邦人还将面临更多花样的打击和非议，但可以肯定的是，这些都只会成为友邦向上攀登新高峰的台阶。

友邦为何总是遭受非议打击？其实这个道理很容易想清楚。在我们这个社会上，失败者是最容易被宽容的，因为他对任何人都构不成威胁，每个人都乐于赞扬、体谅失败者进而表现出自己博大的胸襟。但是对于成功者，很多人就没有那么宽容了，他们在实力上无法战胜强大的成功者，就只有用非议诋毁来否定成功者的成绩，寻求将成功者拉下马来的机会，或至少收获一种心理的安慰。

所以，友邦之所以受到非议，就是因为它本身的强大，强大到让对手感觉到恐惧，对手就只能拼命用各种手段打击友邦，这就应了西方那句谚语——"没有人会去踢一条死狗！"

最后，还有一个故事送给被不断非议的友邦保险和友邦人。

在美国刚建国的时候，报纸上经常用这样的"称号"来称呼一个人："伪君子""独裁者""只比最低劣的杀人犯好一点点""美利坚的罪人"。作为一个刚刚建立的国家，人们的主要精力都用在了建设上，还有谁值得让人用这么恶毒的词语攻击呢？这个人不是卖国贼，不是杀人犯，也不是英国的侵略者，而是刚刚带领美利坚人民打败大英帝国、取得了民族独立的美国第一任总统乔治·华盛顿。

在华盛顿担任美国总统的时候，批评他的声音是远远多于赞美声的，甚至有一家报纸还在头版刊登了一幅漫画，漫画中华盛顿正站在断头台前，而刽子手正举起大刀作势要把他的头砍下来。

面对这样的批评甚至侮辱，华盛顿非但没有生气反击，反而将其看作对自己价值的认可。他有一句著名的话是"正是因为这些攻击者的存在，才让我意识到了自己的重要性，为了这些攻击者，我也要做好自己。"

就像这位伟人一样，不公正的批评甚至恶意造谣，从古至今都是敌人打击我们的手段。面对这种手段，我们应该高兴才对，因为不公正的批评其实是一种伪装过的恭维，它在恭维我们是如此的强大，强大到让人无法战胜，只能用这种方式来"恐吓"。

扛过内部变动，打破"玻璃天花板"

友邦保险重返中国后，为中国保险市场带来了先进的管理经验，以及富有国际保险经验的管理人才。在开拓中国市场的过程中，友邦始终坚持本土化策略，无论是卓越营销员的选拔，还是保险产品的设计，都充分考虑了中国当时的具体情况。

可以说，这种本土化策略在最初一段时间，为友邦开拓中国市场提供了巨大帮助。但经过了一段时间后，市场竞争的加剧和保险市场监管更加严格让友邦的本土化道路出现了一些坎坷。其中，管理上的"玻璃天花板"及人才地震成为当时的典型事例。

2002年6月30日，友邦保险上海分公司总经理徐正广向友邦提交了提前退休的申请，这件事成为友邦人才"地震"的一个导火索，在友邦保险内部迅速引发了连锁反应。

徐正广对于友邦保险来说，可以算是市场开拓的功勋人物。身为友邦保险上海分公司总经理的他，是友邦本土化道路的积极拥护者和开拓者。在担任上海分公司总经理期间，他积极招募本地营销员，投入到保险营销的第一线，为友邦打开中国本土市场立下了汗马功劳。这样一个人的突然离职，对友邦的影响是颇为严重的。

作为友邦保险上海分公司的带头人，徐正广培养了许多本土的精英保险人才。自1992年开始，这些人便一直与徐正广一起奋斗在保险营销的第一线。经过近十年的发展，友邦基本上在中国建立起了相对完善的组织结构和工作流程。从大面上来看，一两个人的去留并不会影响分公司的整体运作，但在一些关键细节上存在的问题，却没有得到友邦总部的重视。

在徐正广之后，友邦的一些中高层人员也相继离职。这些人有的高薪跳槽到了其他保险公司，有的则选择自己创业继续投身保险行业。这突如其来的人事震荡让友邦总部不得不开始反思近十年来一以贯之的本土化策略，究竟是哪个细节上出现了问题。由此，经过一番调查研讨后，友邦在管理上的"玻璃天花板"问题逐渐浮出水面。

说是友邦的"玻璃天花板"似乎有些不妥，因为这一问题普遍出现在中国内地开办的外资或合资保险公司之中。

所谓"玻璃天花板"主要是指在一些公司、企业或机关团体里面，某一类群体想要晋升到高级职位或管理决策层会受到一些潜在的阻碍或限制。这些阻碍或限制就像玻璃一样，大多时候看不见，却又是实实在在存在的。

在友邦保险身上，这种"玻璃天花板"主要出现在中国的一些分支公司之中。在友邦重返中国之时，中国的寿险行业还处于初步发展阶段，拥有国际经验的本土高级人才基本没有，这就使得友邦只能选择从中国香港、中国澳门、中国台湾，以及马来西亚、新加坡等地，调派来具有国际经验的市场人才，负责中国分公司的管理、决策工作。

从市场开拓的角度来讲，这种安排是可以理解的，专业的管理人才可以更好地帮助分公司度过业务扩张阶段。在业务扩张之外，这种具有专业知识的管理人才也可以担负起培养本土精英人才的责任。所以在市场开拓初期，这种"空降"高级管理人才的做法是没有太大问题的。

徐正广在来到上海担任分公司总经理之前，就是友邦保险兄弟公司中国台湾南山人寿的副总。与他一同来到上海分公司的，还有许多南山人寿的高级管理人才。这些外来人才为上海分公司的发展立下了汗马功劳，同时也培养了许多出身于上海的本土管理人才。

既然这种做法没有太大问题，那又为什么会出现"玻璃天花板"呢？这一问题的关键在于外来人才的水土不服，以及本地人才的成长空间受限。

在进驻中国市场时，友邦始终在坚持着本土化策略，对本土人才的培养不遗余力，这一点是无可置疑的。友邦诸多分公司培养了一批又一批优秀的保险营销员，为中国保险市场提供了充足的源动力，对中国保险市场做出了重要贡献。但与此同时，这种长久不变的本土化策略，也在施行过程中出现了一些问题。

首先一点就是外来人才的水土不服问题。相比于本土人才来说，外来人才更有国际化保险业务经验，看问题也更具国际化视野。但在具体地区的业务开展上，他们可能并没有本土人才那样了解当地的风土人情，但很多时候，这些外来人才往往占据着决策位置，使得一些规划策略会出现偏差。

其次就是在本土人才的培养上。经过十多年的发展，原有的人才培养计划已经不再适应高素质代理人团队的发展。本土人才既无法在这里获得继续学习、继续成长的空间，也无法在职位、薪资和话语权上有所突破，最终的结果只剩下离职这一条路可以选择，这是友邦人才"地震"的根本原因所在。

从当时的中国保险市场来看，人才流动是非常频繁的，激烈的市场竞争一直逼着本土人才走向更高处。意识到这一问题后，友邦总部开始着手对其本地化策略进行调整，一方面着力对代理人培养策略进行改进，另一方面也在人才选拔上做出调整。

此后几年，友邦及时推出"卓越营销员"培养计划，许多优秀的营销员从该计划中脱颖而出，成功进入到友邦中国的管理团队中，突破了原有的"玻璃天花板"。

在经过了一系列策略调整后，友邦在中国的分公司统一由友邦中国进行管理，原本各自为政的分公司被纳入统一管理之中，无论在业务执行，还是发展策略上，都可以保持步调一致，这也让友邦人重新聚在了一起，形成了一股强大的力量。

第五章

"中国梦"大时代下的新友邦

随着大国崛起的号角吹响,在"中国梦"大时代背景下,友邦也乘上了中国大发展的快车。在这列快车上,友邦保险可以说具有得天独厚的优势,友邦应该怎样利用这些优势?面对中国快速的发展,友邦保险又进行了哪些尝试?了解友邦保险,就要了解友邦的历史,更要了解友邦的现在。对于现在的友邦,我们应该以何种视角去看待和解读?

从"右眼看友邦"到"两眼都要看友邦"

中国保险行业乃至金融行业从业者，应该都听过陈东升这个名字。这是一个与嘉德拍卖、泰康人寿和宅急送都能够联系在一起的名字，也是 20 个世纪到现在中国保险业最负盛名的名字之一。

2002 年时，作为中国保险业的著名管理者陈东升在采访中被问到这样一个问题——在保险业的同行中比较欣赏的是谁？陈东升的回答是"左眼看平安，右眼看友邦。"

为什么要向友邦学习呢？陈东升的解释是："友邦在亚洲有几十年的历史，特别是在新加坡、马来西亚，包括中国台湾都经营得非常稳健和成功，这是他们的特点，他们的技术、管理、训练及财务成本的控制非常成熟。你看它不去市场上兴风作浪，这个公司比较稳健。"

从陈东升的回答中可以看到，至少在当时，他还是将友邦当作一家外国保险公司来看待的，业内没有了解的是，友邦在当时已经开始逐渐完成了本土化的改造，一家烙上中国印记的友邦已经呼之欲出。

而友邦的本土化改造，就是从建设本土人才队伍开始的。

在友邦工作，更像是自我的创业，我们用专业的培训让你们成长，用专业的体系引领你们发展，什么时候晋升，什么时候达到你们的收入目标，这些都是可规划的。只要你们有心，公司一定会全力配合。

在深圳友邦保险公司的新员工培训会上，总经理鲍可维总是和大家强调这些。他的这番表述似乎成为一种仪式，友邦高层就是用这种方式让新员工明白，友邦可以提供给他们的不只有短期的金钱收益，还有更为长远的美好的未来。

人才问题是一个企业参与市场竞争、扩大市场规模时需要考虑的核心问题，友邦重回中国后，所面对的第一个问题正是如何获得人才的问题。当时，友邦的解决方式还是总部向中国市场派遣人才，和当时的合资人中国人保一起建设保险队伍。

但是到了1992年，友邦随同中国保险行业爆发而开启独立发展历程之后，中国人保的人力优势不能再为友邦所用，友邦不得不面对与中国保险行业其他巨头直接人才竞争的问题，此时，中国本土人才对友邦就显得格外重要了。

想要开办一家新的保险公司，中高层管理者一定要找那些行业资历深厚、从业经验丰富的人来担任。在这种情况下，挖墙脚作为一种省时省心又省力的方法，开始被各大保险公司使用。作为一种并不那么正当的人才发掘方式，挖墙脚在一定程度上促进了中国保险业的发展。但对于当时的友邦来说，与其在这种方式上花心思，倒不如沉下心来踏踏实实做一些有用的事。

在当时友邦中国市场的管理者眼中，与其费心费力从别人手中"抢人才"，不如劳心劳力自己去"造人才"。然而在保险行业中，自己培养人才这件事说起来容易，但真正去做的时候，遇到的麻烦往往要比想到的多。

从独立的早期，友邦便在上海、广东、北京等多地开展了本土人才和专业人才的储备策略。无论是中高层管理者的选择，还是基层保险代理人的选择，友邦都在努力践行这一策略。

整个20世纪90年代中期，友邦各分公司的负责人都是由友邦在香港的总公司统一派遣的，这些负责人到分公司后的第一项工作就是就地搜寻人才。当分公司负责人完成对第一批的人才培训之后，再挑选优秀的人才输送到分公司的中高层中。与此同时，第二批本地人才培训也正式开始，分公司负责人则根据具体情况，安排其继续管理分公司，或者转战到其他分公司开展人才管理和培训工作。

在制定这种人才本地化、专业化策略时，友邦主要有两方面的考量：首先是适应本地业务开展的需要——本地人才更了解当地的风土人情，在开展保险业务时，更具有地缘优势；其次是公司发展的长远需要——友邦的业务规模会不断扩大，人才供应也要无缝衔接，保证人才队伍建设的质量和规模，才能获得业务规模的持续增长和扩大。

到了2000年之后，友邦的人才战略初见成效。依靠强大的团队，友邦不但在上海、深圳等大城市站稳脚跟，还继续向其他城市深耕。也正是因为看到友邦这样一家"美国保险公司"能够和中国市场如此合拍，能够将友邦在国际上的先进管理理念在中国落地，陈东升才会发出"右眼看友邦"的感慨。

不过，在一段时间之后，当在另外一个场合又有一个类似的问题出现时，陈东升的答案从"左眼看平安，右眼看友邦"变成了"两只眼睛都要看友邦"。为什么有如此改变呢？因为他发现"平安也在看友邦"。当时盛传另一位保险业大佬、平安保险管理者马明哲也在时时盯紧友邦，既以这个国际保险大佬为竞争对手，又以之为学习的榜样。

作为本土的保险巨头，泰康、平安等公司学习的是友邦的先进管理理念，学习的也是他们扩展本土精英队伍的能力。

友邦保险上海分公司在早期只用4年时间，就将几十人的队伍扩大到了4000人。此后十年间，人才数量虽然多有起伏，但在2005年友邦又成功将人才队伍扩大到了5000人。

友邦保险深圳分公司用了不到6年的时间打造了一支4000人的人才队伍。而在2004年，友邦深圳分公司达到MDRT（美国百万圆桌协会）标准的代理人达到了143人之多。培养出如此多全球顶级寿险协会的会员，友邦深圳分公司只用了3年时间。

从史戴时代开始，中国保险人就是友邦保险发展的重要根基，中国人重人情，保险行业重承诺，这些因素叠加在一起，就会形成一种保险行业的"潜规则"。当一位外国人和一位中国人同时向你推荐保险时，更多时候你会选择相信自己的同胞。

友邦扎根于中国大地，深知任用中国保险人的重要性，因此在队伍建设上，始终坚持着这一理念。从上海到深圳，再从深圳到北京，友邦在培养自身保险人才的同时，也为中国保险行业培养了许多精英。

在本土化人才战略中，友邦最值得中国保险业学习的还是人才培养，几乎所有保险业同仁都认同，在中国市场上，友邦的保险代理人培训是做得最好的。尤其是最近几年，随着移动互联网带来的信息透明，友邦等大的保险公司已经很难在产品上与竞争对手拉开档次，此时，一支专业的保险代理人队伍就显得格外重要了。

《21世纪经济报道》中曾经有关于友邦公司的培训内容，报纸这样写道：

（友邦的培训）对于从松散组织形态转型而来的人而言挺震撼的，在培训过程中，纪律严格，不能看手机。培训第一周不讲具体产品，而是从风险管理理论讲起，本科保险风险管理课程压缩在一个星期内完成，内容基本不落，课程密度大，甚至比在学校更生动。

重视培训，尤其是重视对高端代理人群体的培训，是友邦能够在寿险竞争中脱颖而出的利器。根据保险业年鉴的统计，进入新千年，尤其是上市之后，友邦的业务价值始终持续上升，上升额度长期保持在10%以上，尤其2015年之后，友邦新业务价值每年上涨超过50%，其中中国市场又至少贡献其中的80%。

这样的数据让人看到，友邦始终走在一条正确的发展道路上。

在《21世纪经济报道》关于友邦的报道中还有这样一段话：

（友邦代理人称）我们目标的中高端客群，一是来自增量市场，即中国日益增长的中产阶层；二是来自存量市场，这些人一部分过去购买的是理财保险产品，保障需求尚未被满足，另一部分以前投资主要考虑银行、P2P等渠道，随着负利率时代的到来，将会考虑转投保险产品。

有如此专业的代理人，能够把握市场的风向，进行前瞻性的规划，就很能让人理解为何友邦总是能够走在发展的最前沿了。

"从右眼看友邦"到"两眼都要看友邦"，这是中国保险业巨头的感慨，也应该成为中国保险人的共识。而对于友邦来说，也只有顺应时代，不断完善自身，才能够始终走在行业的最前列。

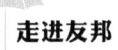

全新布局，新形势下的友邦

2010年友邦在香港成功上市，之后经历了一段时间的荣耀，一时间整个亚洲金融业的目光都聚集到了它的身上，但当光环褪去，友邦仍需要冷静下来思考接下去的路要怎么走。

金融危机为热火朝天的中国保险市场来了次"大降温"，不少保险公司都因此而"大病"了一场。但伴随着国家的政策调整，中国保险市场又重新"虎躯一震"精神了起来。

说是精神，倒不是真的精神起来，为数不少的保险公司都只是外强中干，靠"虚火"在支撑而已。中国保险行业旧有的粗放式发展方式已经不足以支撑保险企业继续发展下去，谁能先一步找到新方法，谁才能先一步走出"阴霾"。

在这一问题上，友邦中国又有一套自己的办法。

20年来，中国保险市场习惯了以保费定义成功。一家保险公司，只要你的保费规模做上去了，你就成功了；如果没做上去，那你就失败了。在我看来，这是完全不对的。任何产业，竞争到最后都是拼效率。谁的效率高，谁就能获得竞争的胜利。友邦中国在发展过程中也有一段时间被错误的潮流所影响，但现在，我们决定改变，我们要转到追求"新业务价值"的路线之中。

这是时任友邦中国CEO的蔡强在2014年接受采访时说过的话。而他所提到的向"新业务价值"转向的工作，友邦在2010年时就开始执行了。当时友邦将整个发展规划称之为"前进计划"，新业务价值便是这一计划的核心。

以新业务价值为导向的发展计划，不是纯粹的以保费来论英雄，而是专注在客户服务、产品价值及保费品质的提升上。在评估时不以保费规模为标准，而是以利润为标准，这样就能够更好地衡量保险公司新业务的未来价值有多少，了解到这家保险公司的未来可持续发展潜力有多少了。

除了树立以"新业务价值"为纲的发展规划外，友邦还在营销渠道、产品定位方面进行了重新考量和全新布局。

在营销渠道方面，保险代理人制度对友邦乃至中国保险行业的发展起到了重要推动作用。但经过近20年的发展，友邦发现这种保险代理人制度遇到了瓶颈，这条路如果继续走下去，只会越来越窄，到时候许多保险公司挤在一座独木桥上，谁也不能顺利前进。

为了避免这种情况发生，友邦探索了一条新的营销渠道——精英营销。这是友邦营销渠道的一次升级，友邦希望自己的营销员能够继续保持高水平，逐渐走向精英化。他们不再需要通过拉关系去卖保险，也不再是"三天打鱼两天晒网"式的工作。

二十世纪七八十年代，美国加州每4个人就有1个人拥有保险营销员资格，那时的保险员大多是兼职的，什么人都有。但随着市场的不断发展，顾客的需求越来越复杂，他们需要更多的专业保险营销员为自己服务。由此，那些不专业的保险营销员开始被逐渐淘汰，剩下来的多是那些专业的、能力较强的营销员。

中国保险行业的发展与国外走的是同一条道路，这意味着中国的保险营销员也会经历优胜劣汰的阶段。当前行业内的保险营销员是300万人，10年后可能也只有300万人，因为有很大一部分人进入其中，也有很大一部分人被淘汰掉了。

这正是蔡强主导友邦营销渠道升级的意义所在，众兵不如精兵，友邦需要的是高水平的精英营销员。有的人可能在一年时间里做不到精英，那第二年他一定要做到高水平，如果到了第三年他的水平依然没有提升，那也许他应该考虑做些别的工作。这种对营销员的高要求既是对企业负责，也是对顾客负责。

在产品定位方面，友邦重拾初心，让保险回归保障。2010年时，中国的储蓄率高达50%，但居民购买保障性产品并不多。保险的核心功能就是提供保障，从另一个方面来看，未来中国保险市场的前景将是非常广阔的。

面对这种储蓄有余而保险不足的情况，友邦集中发力保障型产品，将其与个险营销和新业务价值一同构筑为这一阶段的主要战略发展重心。

蔡强为这一时期定下了几个发展目标，其中包括新业务价值成长三倍，充分发挥友邦营销员渠道优势，让保险真正回归保障本身。

一艘航船，确定了前进的方向，用对了划桨方法，前进的速度自然要比其他航船要快一些。原本确定5年时间完成的目标，友邦中国只用了4年时间便提前完成。

2014年，友邦中国的保费的市场占有率下降到0.8%，但新业务价值的市场占有率却出现了显著提升，达到了2.5%。从2010年到2014年，友邦中国的新业务价值总计增长约5倍，税后利润则增长了约3倍。而在保障产品方面，友邦的保障产品在行业中的占比从38%一举上升到65%，继续占据市场龙头地位。

取得这种成绩，蔡强并没有感到太多惊讶，通过对中国保险市场的探索和研究，他觉得友邦这条路依然能继续走下去。

中国保险行业的发展与整个中国经济的发展是不匹配的，但这种情况在未来会出现很大改变。中国的GDP已经达到了全球第二，保费收入也排到了全球第四。可以说，中国已经进入了保险大国的行列，却还没有进入到保险强国的行列。

衡量保险强国的指标主要是保险密度和保险深度，在保险密度方面，

2015年中国的保险密度只有人均200美元,而世界发达国家则是人均4000美元。在保险深度方面,中国只有3%,而发达国家则差不多是7%到10%之间。从这两方面可以看出,中国保险行业未来的发展潜力是非常巨大的。

凭借这种判断,友邦中国在2014年宣布了"新五年"战略计划。这一战略计划基本延续了友邦此前的成功经验,没有做太大的改变,但有一些战略上的细微调整。

走进友邦

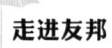

十年发展，友邦向二三线城市进发

2017年上半年，友邦保险年化新保费上升37%，新单利润增长到54.2%，新业务价值指标则上涨到42%。这是友邦第一个五年计划执行不久就取得的傲人成绩单。在这份成绩单中，友邦在中国地区的新单利润率达到了91.7%，创造了新的历史纪录。而在新业务价值方面，友邦中国同比上涨65%，年化新保费的增长也达到了56%。

可以说，近年来，友邦在中国的业务发展做到了量价齐增，这与友邦自身的战略规划和中国保险市场的蓬勃发展是密不可分的。

我们一直都在做难的事，坚持着眼于长期，坚持做保险保障，短期的市场利益充满诱惑，但我们竭力回避这种诱惑。在过去的七年时间中，友邦是这样规划的，也是这样实践的。我们的渠道建设、产品结构，以及企业文化建设，都围绕着高品质，逐步确立起了保障专家的品牌特色。当然，在整个过程中，我们也为客户、企业和社会创造了价值。在未来，在继续坚守的同时，我们还将继续创新，引领行业新标准的建立。

这是友邦中国首席执行官张晓宇在第一个五年计划完成之后的经验总结。正如张晓宇所说，友邦永远在攻坚克难，无论是在中国保险行业的初创期，还是在保险行业的蓬勃发展期，友邦一直都是行业的典范。

一个能够持续不断创造利润的企业，是一家好企业，但它不一定能够成为整个行业的典范。一家企业如果想成为整个行业的典范，它必须在保证自身发展的同时，带领整个行业一同向前发展。

在出色完成第一个五年计划后,友邦也即将成为一家跨越百年的企业。2018年,友邦在越南胡志明市召开2018年度新闻发布会,对外首次发布了带领企业跨越百年的"新五年计划"。

短期或短视的产品,并不是友邦想要做的保险。友邦保险要追求的,是长久稳定地运营下去。

友邦的新五年计划正是在这一理念的指引下诞生的,其具体内容可以简单概括为"一个中心,两个投入,三个业务策略"。

"一个中心"是指"以客户引领的业务革新"为中心,友邦不断变革求新的动力是什么?是不断变化的客户需求,友邦前进的方向正是客户需求指向的方向,无论是组织建设,还是渠道建设,以客户需求为导向始终是友邦坚持的核心理念。

"两个投入"主要是指大力投入科技创新及卓越人才建设和组织能力建设。创新科技是友邦要大力投入的方向,保险科技的创新是为了更为深入地了解客户需求,通过技术上的支持,帮助客户提供更便捷也更为个性化的解决方案。而在另一方面,创新科技的投入也可以更好地赋能渠道和营销员队伍建设。

在卓越人才建设和组织建设方面,友邦希望打造一个学习型和成长型组织,力求通过人才梯队建设和跨领域人才培养,为未来储备更多优质人才。同时,友邦还在营销员和内勤员工中大力推动"以信为本、点亮希望、为爱奔跑"的核心价值观,提升优秀人才对企业的忠诚度,以及对保险行业的认同感。

最后的"三个业务策略"则主要指着力发展"营销员渠道优质增员""营销员渠道3.0转型",以及"卓越多元渠道"三个方面。友邦将继续在第一个五年计划的基础上,对营销员渠道进行升级革新,继续打造优质卓越的营销员队伍。

友邦对营销员的卓越要求,并不仅仅表现在高产能和高效率上,还表现

在为客户提供更多标准化的优质体验上。客户体验已经成为衡量友邦营销员渠道品质的重要标准，这一标准将会随着客户需求的转变而不断更新。

自上市以来，近十年时间，友邦推出了两个五年计划。从具体内容来看，保险营销员渠道建设始终是计划的重点。在友邦看来，营销员渠道建设将成为推动中国寿险发展至关重要的一步，面对面的客户服务仍然是与客户建立信赖的最好方式。

而在另一方面，友邦着力加大对营销员渠道建设的投入，更为主要的目的则是将一线城市的业务逐渐推广到二三线城市，进一步发掘中国保险市场的潜力，优先获取中国保险市场发展的红利。

> 我们的早期业务主要集中在北上广深这样的一线城市，现在伴随着经济的发展，中国很多二三线城市的中产人群收入出现了显著提升。我们现在获准在广东和江苏两个比较富裕的省份开设分公司，今后我们将把目光更多聚焦在像南京、苏州、佛山这样的二三线城市上。

友邦保险早在上市之初，便确定了深耕二三线城市的发展规划，经过近十年来的辛勤耕耘，友邦的保险业务在一些二三线城市取得了显著成效。

2015年，友邦广东分公司在10个三线城市的新业务价值增长率超过70%，年化新保费增长率也超过了80%。可以说，友邦在二三线市场的发展已经进入到快速增长阶段。

2019年，友邦北京分公司获得中国银行保险监督管理委员会天津监管局及河北监管局批复，开始在天津市和河北省石家庄市筹建营销服务部。7月29日，友邦中国正式进驻天津市，开始在天津地区开展相关业务。

这一次，友邦将会在天津地区开展营销员3.0战略，以规模增员精英化、经营管理系统化、销售顾问专业化、客户服务标准化、作业平台数字化"五化"策略，来打造精英化的营销员团队。友邦的到来为天津保险市场带来了更为优质的保险产品,同时也提升了天津保险市场营销员的服务标准和服务品质。

伴随着中国保险市场的开放,越来越多的保险公司将会涌入,良性的市场竞争将会充分挖掘中国二三线城市保险市场的发展潜力。对于早早进入中国市场、多年深耕二三线城市的友邦中国来说,这无疑是一大利好消息。

走进友邦

薪火相传，友邦人的时代记忆

徐正广

"保险是一项需要与当地的人文环境相融合的事业，从进入上海第一天起，友邦就十分注重将自己本土化，而且至今从未间断过。"友邦保险的本土化正是在徐正广手上落实的。

谈到友邦人徐正广，一个最先提到的身份便是友邦保险上海分公司总经理，作为友邦重返中国后建立的第一家分公司的总经理，徐正广所肩负的责任显然是沉重的。

来到上海后，徐正广四处奔走，他并不是为了从其他保险公司挖走专业人才，而是为了让更多的上海人了解友邦、认识友邦。

早在上海分公司成立之前，徐正广就赶赴上海忙活本土营销员的招募工作。在当时的上海，找不出几个现成的保险人才。正是徐正广的努力，友邦引以为傲的寿险代理人制度才被引入中国；也正是在他的培育下，中国诞生了第一批保险代理人。

经过了十多年的努力，徐正广带着这些代理人走街串巷，向上海民众宣扬友邦，宣扬保险知识，上海人的保险理念在这些代理人的不断奔走下逐渐形成。

在这十年时间里，越来越多的中国人认识了友邦保险，越来越多的本土人才加入友邦保险。在徐正广的带领下，友邦的本土化策略取得显著成功，这些优秀经验被成功应用到了友邦保险广东、深圳、北京、江苏等分公司。

友邦人徐正广既是中国保险市场的开拓者，同时也是友邦企业文化的传播者。在短暂离开友邦后，重回友邦的徐正广又接下了友邦保险江苏分公司总经理的重任，他再一次带领友邦走上了新的本土化之路。

杜嘉祺

2010年的友邦深陷AIG泥沼，力图挣脱束缚独立发展，这件难事落在了"空降"友邦的杜嘉祺身上。这位在保诚保险工作了20多个年头的英国人被任命为友邦保险首席执行主席兼总裁，在这个时间点上，显得意义非凡。

对于杜嘉祺来说，他根本没时间考虑这次任命的意义，因为作为新任掌门人的他需要决定友邦接下来往哪个方向走。

这确实是个让人头疼的问题，但杜嘉祺早早认准了方向——独立上市，为此，刚一上任的他便一心扑在友邦的首次公开招股上。经过3个月的努力，友邦成功在港交所上市，并创造了香港证券史上最大的一次IPO，这也成为友邦发展史上最具里程碑意义的一件事。

对此，杜嘉祺说，友邦选择在香港上市是一个明智的举措，这意味着友邦成为一家独立上市的公司，拥有独立的经营权，这是"一个令人兴奋的旅程"。

成功上市确实让人兴奋，友邦拥有了独立经营权后，杜嘉祺开始为友邦制定新的航向，这一次，他将"深耕中国"的战略提到了前所未有的高度。很快他就将这种战略转化为行动，为友邦中国注入了一亿美元资金，进一步加大了对营销员队伍的培养力度。

黄经辉

深耕中国市场是友邦自1992年重回中国后便确立的发展战略，杜嘉祺贯彻并提升了这一战略。而在其卸任之后，其继任者黄经辉则进一步深化了"深耕中国"的战略理念。2017年6月1日，黄经辉从杜嘉祺手中接过了友邦保险掌门人"接力棒"。

对于中国保险市场的发展前景,黄经辉有自己的看法,他认为:"虽然中国的保费收入已经跃居全球第二,但目前保险覆盖深度和密度仅为全球平均水平的66%和53%。随着国民经济的发展和金融业的持续开放,中国保险业正迎来高速上升期。在消费升级和人口老龄化等因素推动下,中国寿险市场仍存在鲜明的需求缺口。"

正是基于这种判断,他坚信中国将会成为友邦最大的市场。为了更好地实现这一点,上任不久,黄经辉就在"深耕中国"战略中引申出了"培养和留存人才"的发展理念。

"人是最重要的,要让友邦保险保持高质量的发展,关键在人。"这是执掌友邦这几年来,黄经辉最为深切的感受。他将友邦的经营哲学总结为"与对的人、用对的方法、做对的事",他相信用公平的方式去鼓励人才、拥抱人才,才能激发人才力争上游的活力,才能让企业更好地运转起来。

精算师出身的黄经辉并不喜欢拘束在办公楼里,他更喜欢与营销员打成一片。在友邦,营销员有一条专业化的培养和上升通道,只要努力工作,做对的事情,就可以获得很好的收入和光明的职业前景。

在黄经辉看来,友邦的营销员在工作中,并不仅仅是在销售保险,他们是在引导客户实现一个健康长久的生活方式,这一理念也是友邦的品牌主张。为此,友邦在中国推出了移动健康管理平台"健康友行",同时邀请贝克汉姆出任友邦全球大使。这一系列举措就是为了向客户传递友邦"健康长久好生活"的品牌理念。

蔡强

2010年,在友邦最为艰难的时刻,蔡强临危受命,成为友邦中国首席执行官。在这段艰难岁月中,蔡强为友邦中国确立了新的发展定位,横空出世的"五年计划"帮助友邦重新找回了行业标杆的地位。

在这"五年计划"中,"卓越营销员"是蔡强着力打造营销员渠道的重要策略,在他看来,保险公司想在中国市场做大做强,关键还要靠营销员。

2014年,在蔡强的带领下,友邦中国提前一年完成了第一个"五年计划",其中,友邦中国的新业务价值更是上升了55%,比2009年增长了5倍多。

完成了第一个"五年计划"后,蔡强又为友邦中国定下了新的"五年计划",着重培养年轻的营销员队伍,推出全新的银保模式,继续推出保障和长期理财产品。在各类保险产品竞相争雄时,友邦中国选择让保险回归保障,这也可以看出蔡强力主改革的勇气与决心。

2017年4月27日,蔡强成功升任友邦保险集团区域首席执行官,全面负责友邦保险在中国、马来西亚、越南等地的业务。而友邦中国首席执行官的位子,则交到了张晓宇手中。

张晓宇

自2000年加入友邦后,张晓宇便开启了"一路狂奔"模式,先是成为中国最年轻的精算师,后又在友邦中国多个部门担任高级管理职务。2011年2月,张晓宇被任命为友邦保险上海分公司业务发展总监,成为上海分公司的中坚力量。

可以看出,无论是在理论知识上,还是在实践经验上,张晓宇都是同龄人中的佼佼者。而这样骄人成绩的取得,除了其自身努力外,还得益于友邦独特的人才培养体系。

在蔡强看来,张晓宇的升迁充分证明了友邦保险人才储备的深度,同时也表明了友邦中国致力于在公司内部培养并提拔人才的企业文化。

在担任友邦中国首席执行官后,张晓宇全身心投入到新五年计划的攻坚之中,锐意改革,将"以客户为中心"的理念传播到了友邦中国的各个组织和渠道之中。

张晓宇主政下的友邦中国，迎来了强监管的考验，这使他进一步认识到了"保险回归保障"的必要性与重要性。在张晓宇牵头的友邦中国"新五年计划"中，建立"中国最受信赖的保险公司"成为公司新的发展愿景，着力发展"营销员渠道优质增员""营销员渠道3.0转型"和"卓越多元渠道"则成为三大重要业务策略。

对于友邦未来的发展，张晓宇认为，已经走过了百年的友邦保险，依然会始终坚持做对的事情、坚持为客户提供品质保障的初心，在不断变革图新的过程中，引领行业不断转型，再塑中国保险行业的卓越品质。

在友邦的百年历程中，太多太多的友邦人留下了他们的时代印记，他们以薪火照亮时代，将使命代代相传，友邦人的时代记忆也是中国保险行业的时代记忆。今天，一批批友邦人依然在抒写友邦的历史，一代代中国保险人也在共同抒写中国的保险历史。

第五章 "中国梦"大时代下的新友邦

"2亿"大新闻，友邦人才战略的必然结果

2020年1月，新年的钟声刚刚敲响，一则令人震惊的消息便传遍了中国保险业，友邦高薪聘请原平安保险联席CEO李源祥出任集团首席执行官兼总裁，消息一经传出，保险从业者讶异者有之，羡慕者有之，感叹者亦有之。

大家讶异、羡慕和感叹的不仅仅是这场保险业最为重大的人事变动，更是友邦为聘请李源祥所表现出的诚意。

友邦为李源祥开出的是一套综合薪酬。这套薪酬包括：846.6万港元年度基本薪金、198万美元短期奖励目标及396万美元的长期奖励目标，年度目标总薪酬为702.53万美元（约合人民币4945万元）。另外，友邦还将为李源祥因离开前任工作而失效的未归属长期奖励金及延期付款做出补偿，补偿总价值为2815.11万美元。

从上面这些数字我们可以看出，为了聘请李源祥担任CEO兼总裁，友邦几乎拿出整整2亿元人民币。如此大手笔，怎么可能不让业界震惊呢？

友邦新任CEO李源祥到底何许人也？他为何会让友邦如此看重呢？

现年55岁的李源祥出生于新加坡，大学时期就读于英国剑桥大学学习金融学，24岁开始就职于新加坡金融管理局，3年后加入新加坡保诚保险，此后在保诚集团任职13年。

在保诚保险期间，李源祥曾负责为保诚开拓中国的业务，保诚保险进入中国先后设立的北京、上海、天津等办事处几乎都是他一手操办的。1998年后，李源祥先后短暂出任过保诚香港分公司财务总监和台湾分公司资深副总裁。2000年后他再次回到中国，这一年中国中信集团和保诚集团联合发起信诚人寿保险有限公司，李源祥被委任为该合资公司的总经理。2004年，李源

走进友邦

祥应被誉为"亚洲保险教父"的梁家驹邀请出任平安人寿董事长特别助理，一年后又出任总经理，并最终于2007年接任梁家驹成为平安人寿董事长兼任总经理。

在平安人寿董事长的位置上，李源祥上任后就提出"五年超人寿"的战略构想，试图带领平安人寿追赶中国人寿。此后的三年里，平安人寿发展势头迅猛，新业务保费年增速保持在30%以上，并最终在市场份额上超越中国人寿，初步实现了他的战略规划。

2011年，李源祥晋升为中国平安集团副总经理兼首席保险业务执行官，并在之后的公司改组中担任联席CEO。

从李源祥的履历中我们可以看出，他是一位有着深厚金融背景的保险业职业经理人，而且一直深耕中国保险市场，取得的成绩也着实令人称道。对于这位前高管，中国平安曾在公告中这样评价：

> 李源祥致力于将国际先进保险理念与中国实际结合，带领平安巩固了保险业务的核心竞争优势，在产品、服务、渠道和运营体系等方面升级强化了稳固的系统平台，建立了人才梯队，实现了平安保险业务的不断超越发展。同时，李源祥也为平安金融＋科技、金融＋生态的转型做出了重要贡献。

从平安集团的评价中，我们能够看到他们对于李源祥的认可，而李源祥的业务能力，着重体现在将国际保险业与中国本土情况结合、保险团队的建设及将新科技应用于保险这三方面。

那么对于友邦高薪聘请李源祥的想法，我们似乎就能够看出一丝端倪了。在当前中国大力发展以5G为代表的移动互联网科技的大背景下，友邦并不满足于当前企业发展的现状，而想借此东风迎来新的发展契机，因而要聘请这位既了解国际保险业，又对中国保险业深耕多年并热衷于新科技的保险业精英管理者。而友邦的这一举动，又正好与公司近些年越来越看重中国市场的发展道路相吻合。

在友邦保险对外发布的数据中，人们能够看到的是公司近些年的发展开始逐渐疲软。

2018年年末友邦发布的财报显示，整个公司的营业收入和利润都处于下滑状态，而导致这种下滑的重要原因就是香港市场业务萎靡不振，各种营业数据都有两位数的下滑趋势。

香港市场萎靡的同时，中国市场却持续走强，无论是保单价值还是营收，都始终保持两位数以上的增长，2019年上半年的年报显示，友邦在中国的新业务价值同比增长了34%。由此可见，将公司发展的重心从亚太转移到中国市场，对中国市场进行进一步深耕就成了友邦必然的选择。

而且，友邦要深耕中国市场还有另外一个重要原因，那就是2020年中国保险市场要对外资全面开放，外资在合资保险公司中占比可以超过50%，中国政府更是会取消经营寿险业务的合资保险公司的外资比例限制，合资寿险公司的外资比例可达100%。所以，业界一直认为，中国市场的保险业将迎来重大发展的时代。在这种情况下，作为最早深耕中国寿险市场的外资公司，作为中国市场上目前唯一具有独资牌照的寿险公司，友邦更要做好准备。

在这种情况下，高薪聘请李源祥这样优秀的保险业精英来领导公司，目的自然是要凝练一支能够快速反应的队伍，来迎接即将到来的保险大时代。

其实，从最早创立友邦到第一个回归新中国，对于时代的敏感友邦一直是走在国际保险业前列的。而每一次捕捉时代的信息，跟随时代的脚步，都必然需要一个目标明确的领军团队和一支极具战斗力的保险队伍。

而对于构建这样一支队伍，友邦从来是不惜重金的。据友邦年报披露，2018年度友邦保险为公司主要管理人员支出的薪酬总额达到了4500万美元以上，首席执行官兼总裁黄经辉的年度总酬金更是高达966万美元，这个数字在国内寿险行业绝对是首屈一指的。相比之下，国内保险公司就相形见绌了，即便是国内寿险领域的翘楚平安人寿，它对高管的薪酬待遇比之友邦也是有很大差距的。

友邦基层保险代理人的待遇也是很令人称道的。在中国保险业，短期激励几乎是所有保险公司都会选择的一招，用高额的提成来刺激保险代理人，调动他们推销保险的主动性，这几乎是中国保险行业的常态。然而友邦却不这样做，因为这样做虽然能够在短期创造极大的收益，但从长远来看，对于队伍的稳定性却是非常不利的。

相对于让保险代理人在短时间拿到高额回报，友邦更看重的是给代理人更长远、更稳定的收益，可以说友邦在极力将保险这个一贯被视为"短视""赚快钱"的行业变成一个需要深耕、可能长期持续回报的行业。

古有燕昭王千金买马骨，为了延揽人才不惜重金，而今天的商业世界，对人才的重视更是所有企业的共识。友邦传出的"2亿"大新闻，更像是一个标志，它传递给保险业和友邦人的信念是，面对未来的保险大时代，友邦已经准备好和这个行业最优秀的人才一起，共创辉煌，共担风雨。

第五章 "中国梦"大时代下的新友邦

抗击新冠肺炎，友邦践行"保险保障"

2020年初，新型冠状病毒肺炎疫情在全国各地持续扩散，对人民生产生活造成了极大影响。为了应对日益严峻的新型冠状病毒肺炎疫情，全国人民付出了重大牺牲与努力。在这一特殊时期，友邦保险也迅速启动了应急响应措施，为抗击疫情做出了力所能及的贡献。

在疫情发生之初，友邦于1月20日便启动了应急预案，随后在1月23日，友邦保险又紧急新增了4项抗疫举措。具体应急预案如下：

1. 相关地区成立应急处置工作组，实时关注疫情变化，主动排查出险客户情况；

2. 开通24小时客户报案热线：8008203588、4008203588；

3. 简化理赔手续：开通绿色理赔通道；

4. 免保单理赔服务：无须提供保单即可申请理赔；

5. 取消理赔医院限制：取消条款中住院的医院级别限制；

6. 取消住院报案时效要求：取消保险条款住院报案的时效限制；

7. 取消住院方式限制：以客户治疗需要为先，对于在门诊观察室、留观室隔离治疗的客户按住院方式认定；

8. 取消药品及诊疗项目限制：将国家卫生健康委《新型冠状病毒感染的肺炎诊疗方案》覆盖的药品和医疗服务项目，全部临时纳入医保支付范围；

9. 取消免赔额；

10. 取消等待期限制。

通过这些综合举措，友邦为感染新型冠状病毒肺炎的客户提供了全方位的理赔保障。在紧急推出这些应急举措后，友邦保险又拨出专款，携手微医互联网总医院，构筑起线上线下联动的全天候义诊服务。

在友邦的专款支持下，微医互联网总医院推出了全国用户在线义诊功能，全国任何地区的友邦保险客户都可以通过微医平台，在线咨询病状、病情及应对举措。截至2020年1月底，微医在线平台已经发动了超过8000名医生在线为全国患者提供免费的远程医疗服务。

拨出重金来搭建互联网在线义诊平台，是友邦保险深入疫情一线、积极响应国家号召的举措。随着春运返程高峰的到来，新冠疫情防护到了最为关键的时刻，一些疫情风险较高地区的线下医疗系统承受了很大压力，医护人员更是不分昼夜地奋斗在抗疫一线。

正是为了缓解一线医护人员的工作压力，解决轻症患者的就医问题，友邦才携手微医推出了互联网在线义诊业务。用户只要登录微医互联网总医院，便可以享受到24小时的专业医师指导。一些轻症患者还可以通过医生开具的电子处方，享受在线药品配送服务，减少轻症患者外出感染病毒的风险。

除了拨出专款开展互联网义诊，友邦保险秉承着"保险就是保障"的理念，与中山大学附属第一医院达成协议，为其支援湖北武汉的医疗团队赠送了专属风险保障。

中山大学附属第一医院首批赴武汉的医护人员，每人都会获得友邦保险提供的60万元人民币保额的专属保险，在为期一年的保障期内，医护人员因疾病、意外导致的身故或伤残将会获得友邦最高60万元的保险赔付。

为中山大学附属第一医院的"逆行者"们提供专属保障只是友邦践行"保险就是保障"理念的第一步，仅仅用了两天时间，友邦保险通过积极沟通，已经成功为北京、上海、广东、江苏、河北等地的31家医院的一线抗疫医疗队赠送了专属保障。

在这次疫情期间，全国各地的医护人员扛起了抗疫大旗，他们放弃了休假，放弃了与家人团聚的时刻，不顾个人安危，毅然奔赴抗击疫情的第一线，这种大无畏的精神为中国人民打赢防疫攻坚战提供了动力。

在为43家医院的一线医疗团队提供专属保障后，友邦依然在积极与其他地区的医疗团队进行沟通，力求为更多医护人员提供保障支持。在得知湖北地区抗疫物资紧缺的消息后，友邦保险第一时间通过微医和爱德基金会，为武汉及孝感、黄冈等疫情严重地区筹措捐助了大量防护镜、消毒水、口罩及一些必备的社区防护紧缺物资。

在1月30日，第一批由爱德基金会配送的10吨消毒液已经送到了孝感市义工联手中，60套呼吸器及配套设备也已经定向送达荆州市、黄冈市和鄂州市的定点医院。与此同时，由微医采购的960盒新型冠状病毒检测盒及20000只乳胶手套、3000件防护服也已经交付给湖北中医药大学附属新华医院。

除了这些救灾款物外，在"以信为本，点燃希望，为爱奔跑"的企业价值观指引下，友邦保险还联合爱德基金会开通了"友邦专项防疫资金募款通道"，向全体员工发出倡议，所有友邦人共同驰援抗疫一线。

截至2020年2月6日，友邦中国为疫区捐赠的款物总额已经达到400万元。其中，"友邦专项防疫资金募款通道"累计捐款人数超过了2500人，募集资金超过33万元。这些救灾资金通过爱德基金会的统筹，已经全部用于湖北省疫情防控物资的采购。

除了倾尽全力支援抗疫一线，友邦在自己的本职业务上也为抗击疫情出了一份力。2月6日，友邦宣布到2020年6月30日为止，所有持有一年期以上个险产品有效保单的被保险人，将会获赠特别慰问金。如果客户因确诊新型冠状病毒肺炎而不幸身故或全残，友邦将会给付20万元。

此外，友邦还针对自己的旗舰全佑系列疾病保险产品推出了保险责任推广方案。方案规定，在保险责任扩展有效期（2020年4月30日）内，若被保险人首次确诊感染新型冠状病毒肺炎且临床分型为重型或危重型，其将获得友邦给付的责任扩展额外保险金。

这一责任扩展额外保险金的金额等于被保险人确诊时该保险合同基本保险金额的30%。其中，被保险人持有的一份或多份适用保险产品的保险合同，每一份保险合同的责任扩展额外保险金给付以一次为限，且同一被保险人的责任扩展额外保险金给付累计以50万元为限。

疫情无情人有情，在这一举国抗疫的特殊时期，友邦保险秉承"保险就是保障"的理念，冲到了抗击疫情的第一线。在抗击疫情的同时，友邦也没有忘记对健康的客户提供持续保障与优质服务。

为了更好地保障客户权益和保险服务的正常展开，春节前后，友邦向全体员工发出倡议，要求友邦员工在做好自我健康防护的同时，通过多种应用电子服务平台、简化理赔程序等方式，为客户提供灵活机动、及时有效的服务和帮助。

对于友邦在新冠疫情期间采取的诸多措施，友邦中国首席执行官张晓宇表示："作为一家以守护'健康长久好生活'为己任的保险公司，保障客户和员工、营销员伙伴的身体健康，是我们开展各项工作的第一要务。在抗击疫情态势胶着的当下，我们希望充分发挥保险保障的功能，竭尽所能为客户和公司伙伴们提供安心可靠的帮助，通过自己的努力，为大家加油鼓劲，坚定信念，携手迎接疫情阻击战的最终胜利。"

"保险就是保障。"越是艰难的时刻，保险企业就越应该承担起自己应有的责任，友邦仍然在密切关注新型冠状病毒肺炎疫情的发展，持续更新和跟进相应应急响应举措，同时也在努力为客户、公司伙伴及一线工作人员提供力所能及的支持。这正是友邦守护客户"健康长久好生活"的最好写照。

第六章

我们的事业：友邦精英团队

伟大的胜利需要伟大的团队，战场如是，商场也如是。在竞争激烈的保险行业，我们虽看不见刀光剑影，但也能处处感觉到杀机，面对虎视眈眈的竞争对手，友邦能够在竞争中脱颖而出，依靠的就是一支极富有战斗力的精英团队。友邦精英团队是怎么构成的？那些原本的普通人是怎样成为保险精英的？我们需要去友邦内部寻找答案。

第六章　我们的事业：友邦精英团队

友邦保险上海分公司

1992年9月25日，友邦保险有限公司上海分公司正式成立了。友邦上海分公司不仅是友邦回归后在中国建立的第一家公司，同时也是第一家获得独资营运牌照的外资人寿保险公司。

其实，友邦与上海的缘分从1919年就开始了。当时，美国国际集团的创始人史戴先生在上海创立了友邦集团的前身——美亚保险公司。1921年，史戴先生又在上海创立了友邦人寿保险公司。所以，友邦将回归后的第一家公司开在上海是有其特殊情感的。

当然，除却情感外，上海还具备相当优越的地理优势。上海位于中国南北海岸的中心点，北临长江，东接东海，南濒杭州湾，又有江苏与浙江二省作为依托。由于上海与国际接轨时间较早，这里的交通运输也十分发达。现如今，上海港已经成为中国最大的枢纽港之一。发达的交通运输也给上海的工商业带来了发展优势，这里的基础设施相当完善，教育基础和人才储备也在国内名列前茅。因此，友邦在上海设立公司是非常正确的决策。

如果说改革开放是友邦回归上海的契机，那么中国"入世"就是友邦在上海大力发展的基础。

亲手创办了友邦保险上海分公司的徐正广说道："中国'入世'，不仅对外资公司是一个机遇，同时对中国的公司也是一个巨大的机遇，这是一个双赢的结果。我们不要担心中国'入世'以后外资公司会冲垮中资公司。友邦在中国的实践证明，外资公司不但没有给中国的保险公司带来灾难，反而促进了中国保险业的成长。"

徐正广，一个土生土长的台湾人，却对上海这座城市饱含情感。

"当时有很多困难，人才凋零，法律不规范，人们对外资保险公司充满疑虑。但是，我们一直坚持，要求自己做最好的、最规范的公司，我们非常珍惜保险的形象，不做任何伤害中国保险业形象的事情。直到今天，我们还是战战兢兢。"徐正广回忆道。

在上海生活了近10年之久的徐正广目睹了上海的巨变，也渴望友邦能与上海一同成长。这座城市对他来说，就如同第二故乡一般。在徐正广的带领下，友邦上海分公司创造了中国保险业的多项纪录，也成功激活了保险市场。

当然，作为一家专业人寿保险公司，友邦上海分公司除了在业务开拓、客户信赖、自身进修等相关领域深耕细作以外，也更加明白反哺社会的重要性，并且积极承担企业应有的社会责任。

无论是行政员工还是营销员都齐心协力贡献业余时间帮助需要关怀的弱势群体，友邦人坚守使命，真正体现了友邦保险"以信为本、点燃希望、为爱奔跑"的核心价值观。

自从国家提出要办好特殊教育、努力让每个孩子都能享有公平而有质量的教育后，友邦就一直与上海蓝丝带孤独症中心保持着长期联系，为孤独症群体提供全程的关怀和支持。

随着2017年"装载幸福的行李箱——友邦天使心音乐会"在上海落地，友邦上海正式成立了友邦"天使心"公益项目，并且每季度都会开展以"天使心"家长讲座与志愿者陪护为主题的关爱活动。友邦上海慈善公益的主要特色是搭建资源共享、互帮互助的公益倡导平台，集结友邦的公益力量为孤独症群体提供生命全程的关怀和支持，为其更好地融入社会打下坚实的基础。友邦上海将用实际行动关爱"星星的孩子"，温暖孤独症家庭孤独的心灵。

2019年，友邦上海携手蓝丝带孤独症中心举办了一场"2019，让我们继续大手拉小手"主题迎新春联欢会活动。特教老师、志愿者及特殊儿童家庭纷纷展现青春活力，带来了一场精彩暖心的表演。

舞动的青春、靓丽的歌喉及特殊儿童稚嫩而自信的脸庞，体现爱与力量的同时也是对艺术的追求与努力，现场一个个精彩节目将活动气氛推向高潮。友邦上海分公司志愿者们暖心的话语、宽容的怀抱、滴滴爱意、点点深情，让特殊家庭度过了美好时光！

金秋十月，秋高气爽，友邦上海携手蓝丝带孤独症中心迎来了一年一度的秋游活动。来自友邦上海的50位志愿者陪伴蓝丝带中心孤独症儿童家庭，走进金山廊下的生态农庄。志愿者与孩子们大手牵小手一起采摘、做莲花糕、抓鱼、逮鸡、收割打谷，让孤独症孩子走出家门，开阔视野，增强孩子们的团队活动意识，让孩子们体验不一样的田野生活。

11月，友邦上海再次迎来既活泼又具有挑战的拓展活动——志愿者们一对一带领大龄自闭症孩子进行了一场趣味运动会+真人CS的拓展活动，增强孩子们的团队活动意识，激发个人潜能，增强自信心，学会互补与信任。

自1992年重回中国市场以来，友邦见证并参与的社会反馈活动还有很多。在成功经营业务的同时，友邦保险也积极在中国市场履行企业的社会责任，在人才培养、捐资助学、扶助弱势群体、救灾等方面积极投入，赢得了良好的社会声誉。

二十几年来，友邦上海不断努力，引入世界一流的保险管理经验与先进技术，致力于建设一支专业、敬业、诚信的保险营销员队伍，并致力为客户提供优质、健全的保险服务。

友邦上海以其优质的服务广受好评，在各种类型评选中屡获殊荣，奖项涵盖了企业品牌、公司产品、社会公益、营销渠道等各方面。友邦上海将秉持对客户的承诺，通过优质的服务，为个人、家庭及企业提供保障，为社会安定繁荣做出贡献。

友邦上海在为上海市民提供一系列多元化人寿保险、意外伤害保险和健康保险的产品及服务的同时，不断开拓银行保险、电话营销、团体保险等多个渠道。自成立以来，友邦上海将国际保险理念、先进的管理系统和技术引进上海市场。相信不远的未来，友邦上海能获得更加耀眼的成绩，为上海人民送去健康，送去更多保障。

友邦保险北京分公司

2002年6月11日，友邦保险北京分公司成立，在分公司成立之前，友邦便着手在北京地区招募代理人。为了庆祝代理人招募工作获得圆满成功，友邦北京分公司举办了一场小规模的庆祝会。

庆祝会的主角是那些刚刚进入友邦的代理人，他们年轻热情又富有朝气。穿梭在会场之中的他们，给整个庆祝会带来了青春的气息。

在自助餐区，一位中年男子在负责发放餐具，年轻的代理人们一面接过餐具，一面表示感谢。面对年轻人的感谢，中年男子却连连说道："我能为你们做的事情太少了，为你们服务，是为了表达对你们的感谢。"

这些年轻的代理人当时还不知道，为自己发放餐具的男子，正是友邦保险北京分公司的总经理徐水俊。

为什么友邦的北京分公司经理要如此低姿态地为员工服务？他们难道不应该站在舞台的正中央，拿着讲稿讲一些未来理想和价值观之类的内容吗？

在这件事上，主角徐水俊觉得很正常："做保险不就是做服务的吗？我为员工服务，员工为客户服务，大家的服务都做好了，企业的业绩也就好了！"

在他看来，自己是做保险服务的，没必要总是高高在上。一家保险公司的高层有这样的觉悟，是十分必要的，但如果只是高层领导有这样的保险服务理念，那显然是不够的。当然，从历史来看，在让保险代理人树立服务理念方面，友邦还是做出了不小的成绩的。

友邦北京成立之初，招收了很多大专以上学历、却没有任何保险经验的代理人，这在保险行业是不多见的。

众所周知，保险业务的开展是非常依赖客户资源的，一个优秀的代理人手中往往掌握着大量的优质客户资源。在某种程度上甚至可以说，一个代理人手中的客户资源质量决定着这个代理人的个人价值。

友邦当然也在意客户资源，但友邦也清楚，获得客户资源的前提是拥有稳定可靠、服务一流的代理人队伍。友邦想要通过自己的文化氛围来培养友邦品牌的代理人，帮助他们树立一种正确的保险观念，使他们形成良好的工作习惯。对那些没有保险经验的代理人敞开大门，就是为了将他们培养成为友邦品牌的卓越代理人。

自主培养代理人队伍是友邦的传统，相比于从竞争对手那里"挖角"优秀代理人，友邦更喜欢将企业的核心理念传递给那些对保险行业充满热情的新人。

友邦的内部培训主要立足于两大方面，一方面是帮助友邦的保险代理人取得执业资格，获得行业认可；另一方面则是帮助友邦的保险代理人树立友邦核心理念，做保险要先做人。对于友邦品牌的代理人来说，这两点是不可偏废的。

哪一点更为重要呢？每当有代理人向徐水俊提出这样的问题时，他都会毫不犹豫地回答道："做保险要先会做人，做人成功了，事业才能成功。"这是他个人的保险理念，也是友邦保险理念的核心。

友邦的内部培训往往是保密的，只有接触过培训的代理人知道具体的培训内容。在问及友邦独特的培训内容时，友邦北京的代理人都会不约而同地提到总经理亲自授课这件事。

友邦北京的保险理念课程是由总经理徐水俊亲自讲述的。虽然由于时间原因不能经常为代理人授课，但只要有空余时间，他就会来到课堂上，与代理人分享自己的从业经验。

第六章　我们的事业：友邦精英团队

保险是爱心事业，只有有爱心、有责任心的人才能做好保险推销。我们的保险要对客户的一生负责，你们一旦做保险，就要有为客户一生负责的心理准备。具体来说，当客户生病时，你们要关心他；当他遇到麻烦时，也要尽力去帮他解决。以爱己之心去爱人，这是做保险的道理，更是做人的道理。

这位分公司总经理的课程受到代理人的普遍欢迎，一个最为人乐道的故事是他上课时从不会给代理人讲销售技巧，他的课程主题永远只有一个，那就是如何做人。在讲述做人道理的同时，他还常常会搭配一些自己创作的打油诗来活跃气氛。

作为领导，除了要做好分公司的日常管理工作，还要将企业的核心理念传递到员工内心。这件事，光用嘴说不行，关键还需要身体力行。

对于友邦的培训课程，入行多年的友邦北京分公司业务经理吴小姐依然记忆犹新，那些亦师亦友的管理者也让她受益匪浅。吴小姐刚刚加入友邦时还是一个保险小白，在友邦的培训体系引导下，在团队主管的帮助下，她迅速成长起来，少走了许多弯路。

在业务上，主管会教她从客户立场去看待问题，不要被自己的思维束缚，多在业务方法上进行创新。在工作中，主管分享给她很多做人做事的道理。感受到了尊重和关爱的她，将这些应用到了具体的业务工作中，在面对客户时，她成为一个阳光、温暖、热情的友邦代理人。

徐水俊喜欢拍打员工的肩膀，当员工的工作没有做到位时，他会轻拍员工肩膀说，"没关系，有什么做不好的地方，跟我说一说。"当员工出色完成工作时，他则会轻拍员工肩膀说："干得不错，继续保持。"

在友邦北京分公司中，没有人可以管别人，所有人都是服务者。在友邦，管理者是员工的服务者，员工是客户的服务者，在做保险之前，每一个友邦

人都做好了为他人服务的准备。

友邦人通常是快乐的，在这样一种企业氛围中，金钱的价值被弱化，对人生理想的追求与工作紧密相连。代理人不再盯着金钱去奋斗，而是将人生理想作为最终追求，在完成工作的同时，让自己成长，让自己快乐。

友邦保险广东分公司

1995年10月30日，友邦保险在广东省广州市成立分公司。值得一提的是，友邦广州分公司成为首家在广州市场获发个人人身保险业务营业执照的非本土保险机构。2006年8月，经中国保险监督管理委员会批准，友邦保险广州分公司正式更名为友邦保险广东分公司，公司的业务经营范围也进一步扩大到广东省全省。

广东，一个人杰地灵的省份。友邦选择在此地大展拳脚，自然也是有所考量的。

在中国，广东对外开放的时间较早，与国际接轨的时间也较早。而且，在改革开放之后，我国也将广东作为试验基地与桥头堡。广东地区的对外贸易发达，自然能吸引到资金与技术。

除了历史原因外，广东的地理位置也是相当优越的。在运输尚不发达的年代，世界贸易交流主要靠海上运输，而广东靠近东海与南海，很早之前就实现了与世界进行贸易沟通的条件。

拥有良好的历史条件和优越的地理位置，广东的供应链也相当完善。21世纪初，广东地区的经济发展领先全国，企业增长速度快，个人财富增长迅猛，这让友邦的发展更加顺畅。

靠着多年摸索形成的慎"引"、优"培"、尚"争"、活"用"、厚"待"的人力资源管理理念，友邦保险广东分公司在发展过程中，造就了一支结构合理、业务精通、技术精湛、勇于开拓创新且忠诚度高的人才队伍，这也让公司从小变大、由弱至强，真正成长为行业的一个实力派巨人。

目前，友邦保险在广东省内的分支机构可以说是遍布广东各大城市。

其中，友邦保险广州分公司成立于1995年，是友邦在广东地区成立最早的公司。公司秉承专业经营、诚信服务的宗旨，在广州寿险业树立了优良的企业形象。凭着其母公司美国国际集团的雄厚资本和跨国经营的优势，友邦保险广州分公司为客户提供可靠和全面的保险服务。1996年对友邦保险广州分公司而言，意义重大，一月份分公司办事处正式开始营业，五月份向广州客户推出首份带有累积现金价值及股息的寿险，十二月份广州友邦与中山大学联手创办友邦中大精算中心，训练寿险专才。同年底，计算机系统投入工作，确保公司有效地运作。

2002年，友邦保险东莞支公司正式落户，这也是第一家获准在东莞设立的外资保险公司。自成立以来，友邦保险东莞支公司便将国际保险理念和先进的管理系统和技术引进东莞市场，这也极大地推动了东莞保险业的发展和繁荣。如今，友邦保险东莞支公司已先后在东莞市区及乡镇设立了5个营销服务部，包括虎门、常平、石龙、塘厦及长安，并建立了一支专业的保险营销员队伍，致力于为东莞市民提供优质的产品和服务。

2002年，友邦保险江门支公司于广东省江门市注册成立。成立以来，友邦保险江门支公司便一直以稳定可靠的产品质量和良好的经营信誉，赢得了广大客户的信任。

2002年，友邦保险佛山支公司于广东省佛山市正式成立，友邦保险佛山支公司是一家商务服务企业，也是经国家相关部门批准注册的企业。本着"客户第一，诚信至上"的原则，友邦保险佛山支公司与多家企业建立了长期的合作关系。

除了广州、东莞、江门和佛山支公司外，友邦还在广东的中山、珠海、汕头、惠州、肇庆、茂名、湛江、清远、揭阳、韶关这10个城市建立了专业的保险营销员队伍，并通过多元化销售渠道，为广东市民提供一系列人寿保险、年金保险、意外伤害保险及健康保险服务，以满足客户多样化的保险需求。

就拿友邦保险东莞支公司来说，以卢秀华为首的友邦业务精英就为友邦上下做了榜样，也给无数市民带去了让他们满意的产品。

卢秀华是友邦保险东莞支公司业务总监，在加入友邦保险前，她曾是一名专业的银行从业人员。接触保险后，她积极转型到保险行业，并竭诚为自己的客户服务，最终实现了华丽蜕变。

自从2013年加入友邦保险后，卢秀华总监就接连斩获了各项国际荣誉。其中，最值得一提的就是她"百万圆桌会议（MDRT）"的会员资格。

百万圆桌会议是全球寿险精英的最高盛会，也是国际上公认的人寿保险和金融服务业表现卓越的标准。能成为百万圆桌会议会员的人，都必须具备极高的专业知识，并且遵守严格的道德操守。而截至目前，卢秀华已经累计达成了5次百万圆桌会议会员资格，以及1次百万圆桌会议的超级会员资格，可见友邦保险东莞支公司业务员的实力。

卢秀华说："成为友邦保险东莞支公司第一个达成百万计划的人，无形中给自己的人生及事业一个很清晰的发展蓝图。同时也给自己的团队树立了一个很好的榜样，告诉大家他们其实是也可以达到的。"卢秀华总监的使命，就是全力吸引和培养友邦人才，帮助人才成长。

像卢秀华总监这样的友邦人还有很多，他们分布在各个地区，为了更好地保障中国人民的健康和利益而积极奔波努力。

除了业务的开展外，友邦保险广东分公司还致力于全省人民的健康活动。从"保障专家"到"健康管理伙伴"，就是友邦保险广东分公司奋斗的目标。

2019年11月3日，"友邦保险百年华诞100公里跑"广州站在广州长隆水上乐园开跑。作为该活动广东站的最后一站，活动现场到处洋溢着健康欢乐的气氛，万余名跑者在3公里的赛道上完成了一段精彩难忘的跃迁之旅。

走进友邦

在广东站的活动中,象征友邦百年精神的接力棒从肇庆、东莞、佛山、中山,最后传递到广州站。广东五站以"跃迁"为主题,集结友邦保险伙伴一起为跃迁之旅汇聚能量。活动结合了友邦保险多年来主题跑步活动的精华体验,用趣跑、健康、互动、嘉年华等丰盛内容打造了一场"健康·乐享"的跑步活动。

全程3公里路程不限时间,参与者仅需一份对运动的热爱、对健康的热忱,即可打破年龄、性别、体能限制,得到健康生活的正确打开方式,迈向健康长久好生活!

友邦保险跨越百年,也将在广东书写新的篇章!

是的,健康是人生最大的保障之一,作为"健康生活"的倡导者,友邦保险把健康融入活动中的每个环节。

自1995年进入广东后,友邦保险扎根广东市场,以客户为中心,为追求品质生活的社会大众呵护每一个幸福时刻。公司致力于从保障专家到健康管理伙伴的保险服务角色升级,携手客户实现"健康长久好生活"的品牌承诺,创造经济效益的同时,为社会安定繁荣及健康发展做出更多贡献。

第六章 我们的事业：友邦精英团队

友邦保险深圳分公司

1999年10月19日，友邦保险深圳分公司正式成立，这是友邦保险在中国继上海、广州之后，开设的第三家分公司，这也使得友邦保险成为进驻深圳的第一家拥有独自运营牌照的外资人寿保险公司。

1999年是个特殊的年份，这一年，中华人民共和国成立五十周年，澳门正式回归祖国怀抱，全世界人口突破60亿大关。也是在这一年，扛住了台风"森姆"的肆虐，深圳特区开始进入经济发展的快车道，一系列基础设施工程项目纷纷上马，城市生态环境和社会文化事业都呈现出异常繁荣的景象。

在改革开放的大潮下，深圳保险行业将发展目标对准了发达国家成熟的保险市场，在速度、效益和诚信经营等方面，都走在了全国前列。选择在这一年进入深圳，友邦正是看中了深圳特区的经济增长潜力和保险行业的长远前景。

在友邦进入深圳之前，深圳的保险市场正从垄断走向竞争，但是还没有形成一个完善的保险经营体系。友邦的入局给深圳保险市场引入了一股活水。在友邦的努力下，到2002年，深圳保险市场体系基本建立了起来，多元化的市场竞争格局也初步形成。

发展至今，友邦已经在深圳拥有了强大的专业保险营销员队伍，除在地王设立分公司外，友邦还在深圳设立了南山、罗湖、地王、宝安、龙岗、沙井、坂田、坂田第二、南山第二、地王第二、龙岗第二营销服务部。

深耕深圳保险行业20年，友邦已经融入深圳这座城市，这不仅表现在其对深圳保险行业的巨大影响力，同时也表现在其对深圳这座城市，以及在这座城市中生活的人的影响。友邦将保险营销与人们的健康生活链接在一起，通过一次次真诚互动，影响着这座城市中的每一个人。

2016年5月，友邦将全新互动性跑步体验活动The Music Run爱乐跑引入深圳，这是一项风靡亚洲的音乐路跑活动，参与者不需要为此进行艰苦训练，只需要热爱跑步、热爱音乐、热爱健康生活即可。这些正是这项活动的主旨所在，也是友邦保险一贯秉承的品牌主张。

这次爱乐跑活动超过10000名参与者加入其中。为了办好这次活动，友邦保险深圳分公司的工作人员和营销员付出了辛苦努力，从场地的选择布置，到音乐器材的考察调试，工作人员都进行了严格把关，才有了项目最后的圆满成功。

对于将爱乐跑活动引入深圳的初衷，友邦保险深圳分公司总经理蔡伟兵表示："深圳是一座充满活力的城市，我们很荣幸能把这项充满趣味的、互动的、倡导健康生活理念的活动引入深圳，这也是深圳城市精神的写照。爱乐跑不仅鼓励大家奔跑，而且将大家喜爱的音乐元素融入其中，以更立体丰富的形式展现'健康生活'的理念，这与友邦保险'真生活，真伙伴'的品牌主张不谋而合。我们真诚希望通过这次活动能把所有热爱运动、寻求健康生活方式的朋友聚集在一起，共同感受'真生活'带来的非凡魅力。"

"真生活，真伙伴"是友邦保险的品牌主张之一，这是对友邦保险发展目标的阐述，也是对友邦营销员业务使命的描述。作为一家世界知名的保险企业，友邦将社会效益摆在首位，在追求企业发展的同时，力求为客户的生活提供全方位保障，始于伙伴，终于生活。

除了将健康生活理念作为企业品牌主张外，友邦保险还在时刻践行着保险的保障功能。从2013年开始，友邦保险深圳分公司便开始持续资助深圳天使家园。这是一家专门为脑瘫患儿及其家庭服务的公益机构，其对脑瘫群体的关爱与友邦所提倡的"保险就是保障"理念是相通的。

从员工爱心义卖捐款，到志愿者探访服务，友邦深圳分公司通过多种多样的方式为天使家园的孩子们提供帮助。

第六章 我们的事业：友邦精英团队

对此，友邦保险深圳分公司总经理蔡伟兵表示："保险行业传递着'爱与责任'，我们的客户多是有爱心、有责任心的人。希望通过此次'友邦公益亲子跑'活动带动更多深圳市民在关注自身及家庭健康的同时，能齐心协力为社会上更多需要帮助的家庭送去关爱。"

"保险业要传递爱与责任。"这正是百年来友邦保险一以贯之的品牌主张，从一百年前的巨额火险理赔，到现在的热心公益，友邦保险始终承担着为社会传递温暖与爱的责任。

近年来，友邦保险正在向着"以服务为驱动"的方向转向。在这一经营理念的指导下，友邦保险深圳分公司正在用"深圳速度"为客户提供更好的服务。

2016年4月，友邦保险深圳分公司的一位客户在外地出差时遭受重大意外事故，虽然经历了长达半年的治疗，但客户依然不治身亡。这位客户是友邦深圳的老客户，很早之前就购买了友邦保险。而在几年前，这位客户又在友邦营销员的推荐下为自己购买了一份较高份额的意外险，这样一来，加上其此前购买过的友邦保险，就可以构成一个完善的保险保障体系。

负责这位客户的营销员在接到客户遭遇事故的消息后，立刻向友邦深圳分公司报备了案件的详细情况，而后又在公司的委托下，前往医院进行探访。在确认客户具体情况后，友邦深圳分公司立刻开展了理赔流程。

由于此次事故涉及的理赔金额巨大，友邦保险深圳分公司专门成立了理赔专案组，主动帮助客户家属收集理赔需要的各项资料。在友邦营销员的帮助下，客户家属在11月23日正式向友邦提交理赔申请，由于友邦深圳已经基本做完了前期理赔工作，所以在接到赔付申请的第二天便做出赔付决定。

11月29日，友邦保险深圳分公司所支付的近1400万理赔款项全部到账，此次理赔也顺利完成。

友邦保险深圳分公司用"深圳速度"为客户家属完成了理赔,给身处痛苦境况中的客户家属送去了精神上的慰藉。保险并不能挽救一个人的生命,保险却可以给一个家庭以保障,让家庭成员在遭遇重创后,依然能够健康长久地生活下去。

近年来,友邦保险深圳分公司不断完善保险服务网络、培育专业的营销员队伍,为深圳市民提供了周到方便的保险服务,也为深圳保险市场带来了诸多良好的改变。

友邦保险江苏分公司

2002年7月，友邦保险苏州分公司正式开业，这也是继上海、广东、深圳、北京之后，友邦保险在中国成立的第五家分公司，同时这也使友邦成为进入江苏的第一家外资保险公司。

友邦保险苏州分公司成立后，友邦保险在当地坚持以关怀社会、服务大众为己任，将自身所拥有的先进保险理念和管理技术引入江苏地区的保险市场，在取得卓越成绩的同时，也推动了江苏保险业的繁荣与发展。

友邦保险苏州分公司成立十八年来，对江苏地区保险行业做出的贡献是有目共睹的，也正是在这种"与行业共进步，为客户送保障"的服务宗旨下，友邦保险获得了江苏保险行业的认可，同时也得到了中国银保监会的认可。

2006年是"十一五"计划的开局之年，江苏省在"两个率先"发展目标的引领下，取得了可喜的成绩。这一年，江苏的经济发展水平得到显著提高，和谐社会建设也取得了显著成果，保险行业的保费收入相较上一年增长了15%，整体上呈现出平稳增长的趋势。

经济发展给江苏人民带来了丰厚的物质财富，在食品等生活日用品支出之外，人们开始寻求生活条件和精神条件的改善。在文化娱乐方面，人们更愿意付出金钱。而在生活保障方面，人们也更多开始寻求生命健康和财产方面的保障。可以说，这一时期江苏地区的保险需求是旺盛的。

地区经济发展为保险业带来了巨大的发展机遇，旺盛的市场需求则是保险业的发展动力。江苏地区城市化进程的加快、产业结构的优化升级、社会保障体系的完善，以及人民消费理财观念的转变，都为保险行业的发展提供了巨大机遇。

走进友邦

2006年7月，友邦保险苏州分公司的业务范围正式扩大到江苏全省，原来的友邦保险苏州分公司也正式更名为友邦保险有限公司江苏分公司。这一年8月，友邦保险顺利将自己的保险业务和经验带到了南京。

截至目前，友邦保险江苏分公司已经在苏州、南京、扬州、南通、徐州、无锡、泰州、常州、镇江、盐城和连云港等城市设立支公司，保险业务范围辐射整个江苏地区，公司将世界一流的保险服务传播到江苏各地。其中，友邦保险盐城中心支公司更是荣获2017年的"盐城市放心消费创建先进单位"荣誉称号，获得了当地人民及盐城市保险行业协会的认可和表扬。

多年来，在友邦中国的领导下，友邦保险江苏分公司走出了一条具有自身特色的发展道路，其中，文化建设成为指引友邦江苏分公司向前发展的重要内容。

对此，友邦保险江苏分公司总经理沈子昌指出，"成为客户最受信赖的保险公司"是友邦保险的发展愿景，"以专业、诚信和爱，帮助家庭和企业抵御风险、守护健康、积累财富、实现梦想"是友邦保险的坚定使命，而"以客为先、诚实守信、追求卓越、以人为本、勇于创新"则是友邦保险的企业文化。正是这些内容在不断激励、告诫友邦保险江苏分公司的每一位工作人员，要坚守保险正道！

针对上述目标、使命，友邦保险江苏分公司确立了切实可行的经营理念。其中，"以客户为中心"成为友邦保险江苏分公司最为重要的核心经营理念。在每一个工作细节中，友邦保险江苏分公司都在贯彻着这一理念。

在产品研发方面，友邦保险江苏分公司除了注重从营销员那里收集客户的反馈信息，同时也聘请了专业的第三方调查公司，去了解客户真实的保险需求，在此基础上，确保了友邦的保险产品可以真正契合用户的真实需求。

在保险营销方面，友邦保险江苏分公司为营销员配备了专业的数据收集系统，在与客户面对面沟通的同时，营销员可以将客户的保险需求和财务状况输入到系统中，借助智能大数据系统，帮助客户制定更具有针对性和实用性的保险解决方案。

在保险理赔方面，友邦保险江苏分公司充分贯彻了友邦集团对优质保险理赔服务的要求，以"找理由赔"的理赔服务文化，为客户高效解决保险理赔问题，获得了客户的一致认可和好评。

2008年，年过五旬的郑先生在友邦保险江苏分公司营销员小曹的推荐下，投保了一份附加重疾险的"友邦保险守护人生两全保险"，保额共计12万元。到2014年，为了获得更加全面的保障，在小曹的推荐下，郑先生又购买了一份保额为20万元的"友邦保险'全佑一生'加强版疾病保险"，以及一份保额为30万元的"友邦保险尊享康逸医疗保险"。这三份保单基本覆盖了所有大病小情，无论是生病住院，还是开刀手术，郑先生都会得到全面周到的保障。

2018年春节，一向身体健康的郑先生突然生病住院，在初步诊断为肺炎后，医院又为郑先生进行了深入检查，最终郑先生被确诊为肺癌。从不抽烟也很少在烟尘环境中工作的郑先生实在想不通自己是怎么得上肺炎的，虽然对这一结果难以接受，但接下来的治疗还是需要郑先生自己去面对。

在得知郑先生的情况后，营销员小曹迅速前往医院看望郑先生，并帮助他顺利提交了理赔申请材料。在收到理赔申请后，友邦保险立刻启动赔付流程，根据郑先生的保单情况，做出赔付。其中，"友邦保险守护人生两全保险附加重疾险，赔付重疾保险金12万元；"友邦保险全佑一生加强版疾病保险"主险赔付保险金20万元，癌症保证金、特定癌症保证金20万元，共计赔付了52万元。

除了上述赔付外，郑先生的入院治疗费用、化疗费用也都通过"友邦保险尊享康逸医疗保险"获得了赔付。高额的医疗费用让郑先生一家突遭"风雪"，而友邦的及时赔付则为郑先生送去了温暖。

郑先生的案例只是友邦保险江苏分公司赔付的诸多重疾案例中的一个。"保险就是保障。"友邦保险江苏分公司始终在用实际行动践行着这一理念。

2018年的江苏寿险市场在经历了一轮管控后，出现了负增长的趋势。对于这一变化，友邦保险江苏分公司早有准备，对于日益加剧的市场竞争，友邦保险江苏分公司依然将严守定位、回归本源、积极转型，以服务实体经济为根本导向的同时，坚守风险管理和保障的基本属性。

友邦保险天津、石家庄营销部

2019年7月29日,在中国银行保险监督管理委员会天津监管局和河北监管局的批准下,友邦中国在天津和石家庄成立了营销服务部。这也是自2002年进驻江苏之后,友邦在中国的又一次地域扩容。

此次友邦保险能够顺利进驻到这两个城市,主要得益于现行的关于促进京津冀保险业协同发展的相关监管政策和试点安排。京津冀协同发展作为中国区域经济发展的重要举措,无论在整体经济形势上,还是在保险业的发展前景上,都是非常乐观的。

具体到保险行业上,京津冀地区的保险业发展又是极为不平衡的。北京地区保险行业无论在发展速度,还是市场容量上都要超过天津和河北;在全国范围内,北京保险行业也是处于领先地位的。而河北和天津由于各种原因,在保险密度和保险机构数量上都要远低于北京,在区域经济协调发展的大背景下,这两个地区的保险市场还有着非常大的发展空间。

早在2002年,友邦保险就在北京设立了首家外资寿险公司。18年以来,友邦深耕北京保险市场,不仅积累了大量的保险营销经验,同时也培养了众多优秀的保险营销员。可以说,这些年来,友邦已经融入北京市民的生活之中,在为北京市民提供优质服务的同时,也收获了市民与行业协会的广泛赞誉。

在进驻天津和石家庄之前,虽然北京、天津咫尺之遥,但友邦保险并不能进行跨区域保险销售,这也使得友邦的先进保险经营理念无法传入天津和河北等地。现在借助于京津冀一体化的机遇,友邦顺利获得有关部门的批复,成功进驻到天津和石家庄,对于友邦来说是一次不小的突破。

对此，友邦保险集团区域首席执行官蔡强先生表示："友邦深知京津冀市场发展前景广阔，也深感责任重大。无论过去还是未来，中国市场对友邦来说都至关重要。友邦中国如今是集团成长最快的市场，相信在不久的将来，友邦中国会成为集团最大的市场。友邦将继续坚持在中国的投资并期待中国市场适时地全面开放。"

友邦中国首席执行官张晓宇也表示，京津冀地区保险市场发展前景广阔，友邦也非常重视这一市场的发展，借助于京津冀一体化的机遇，友邦将会率先在天津开展营销员 3.0 战略，通过规模增员精英化、经营管理系统化、销售顾问专业化、客户服务标准化、作业平台数字化"五化策略"，打造精英销售员团队。

在具体行动上，友邦保险已经先期与天津地区的 14 家医院建立了合作伙伴关系，以求为客户提供更全面、更优质的保险服务。同时，借助于北京的先发优势，天津和石家庄营销部不仅可以获得现成的市场营销经验，还可以及时组建起优秀的营销员队伍。

此次顺利实现市场扩张，进驻到天津和石家庄地区，友邦所带来的不仅仅只是其先进的管理经验，还有其多年构筑的更为重要的"健康生态圈"理念。

友邦保险积极介入客户健康管理的前端、中端和后端，同时将自身定位由"保障专家"全面升级为"健康管理伙伴"，致力于为客户提供集"每日健康管理、多重保障计划、护航疾病康复"于一体的全方位立体式健康生活保障。

"健康友行"是友邦推出的个人移动健康管理平台，天津和石家庄的用户可以在平台上获取有用的日常健康知识，同时根据管理平台的日常引导，逐渐培养起健康的生活方式。此外，"健康友行"还会提供步行、睡眠等日常行为监测追踪功能，用户可以借此来了解自己的生活方式，合理调整生活行为。

为了不断满足不同地区客户对健康保障的需求，友邦会因地制宜地开发和优化更多保障类产品。自1992年重返中国以来，友邦保险专注为客户提供长期优质保障，在保障类产品的开发和创新方面，始终走在行业的最前面。

在友邦的诸多保障类产品中，友邦"全佑"系列产品将轻症、重症、生命终末期、老年长期护理、身故、全残、意外等保障功能集于一体，可以为客户提供贯彻始终的周到服务。截至2019年6月底，友邦"全佑"系列产品已经为客户送出了4800多亿元的保障额度。天津和石家庄的客户可以根据自身需要，选择相应的保险解决方案，构筑起防护自身的健康保障防御体系。

对于有特殊保障需求的高端客户，友邦在天津和石家庄通过战略合作伙伴微医的专业数字化平台，构筑起了高质量的医疗服务供应网络，友邦的客户可以直接享受到微医提供的一系列就医增值打包服务及一站式远程服务。同时通过友邦精心打造的医疗网络健康管理平台，友邦高端客户还可以在投保、就医和理赔等诸多方面，享受到快捷、周到的贴心服务。

在友邦保险天津营销部成立之初，友邦中国首席执行官张晓宇表示："1992年，友邦率先将保险营销员制度引入中国，作为营销员渠道的开拓者，我们期待为天津的保险行业打造出一支更高素质、更现代化、更具服务意识的精英营销员团队，为行业人才提供更大的发展空间，为客户提供更高品质的服务，推动行业高质量、可持续地发展。我们将坚守初心，全力打造中国最受信赖的保险公司，建设更好的企业；服务好天津客户，助力客户更好地生活；为天津的健康发展贡献我们的力量，推动行业更好发展——'每一刻，为更好'，是对过往一百年友邦坚守与革新的总结，也是我们在天津乃至全国发展不变的初心与动力。"

第七章

客户永远是友邦最大的财富

保险是人链接人、人服务人的行业,一张保单作为纽带,连接起来的是客户对于保险人的信任。友邦保险公司为何能够在中国市场上获得前所未有的信任,这都源自友邦人对于客户优质的服务和永远兑现的承诺。友邦人始终将客户看作最宝贵的财富,也正因为如此,友邦的"财富"越积越多,友邦和客户之间的纽带越来越牢固。

中国客户不一样的地方

1922年，上海，友邦保险办事处门前。

友邦的寿险业务已经开始一段时间，但相比火险等保险产品，友邦寿险的销量并不那么乐观。每天来买火险的人都要排队，而来买寿险的人，几乎没有几个。

"我看你这生意真是够冷清的。"史戴的美国朋友调侃道。

"现在来看的确是这样，但并不会一直这样。"史戴回应道。

"你的想法总是与众不同，这一次你又为何这样想啊？"美国朋友似乎不相信史戴的论断。

正在二人谈话时，友邦的中国经理带着几个中国人迎面走来。

"史戴先生，您看，这几位是马先生介绍来的，那几位是潘先生介绍来的。"中国经理指着身边的几个中国人向史戴介绍道。

"噢，真是太好了！两位先生真是帮了大忙了！"史戴的声音突然提高了几分贝，兴奋之情溢于言表。

"这些朋友都或多或少接触过保险行业，您只需要抽空为大家再讲讲咱们的寿险产品，他们就能正式开展工作了。"中国经理笑着说道。

"好的，没问题，还等什么，那我们现在就开始吧！"说着，史戴领着几个人一同向办公室走去。

"哎，你这——到底是什么情况啊！"美国朋友显然还处于一头雾水的状态，只得呆呆地望着史戴等人进入办公室。

半个月后，史戴邀请自己的美国朋友再次来到办事处。这一次，友邦办事处前人头攒动，一下子来了很多人要购买友邦的寿险产品。

走进友邦

"这又是什么情况？短短半个月时间，你究竟在这些中国人身上施了什么魔法？"史戴的美国朋友疑惑不解地问道。

"没什么魔法，我只是想到了中国投保人不一样的地方，并安排了一些中国人去推销寿险而已。"史戴笑着说道。

1922年的中国保险市场正处于萌芽破土阶段，外资保险主要以火险、水险业务为主，寿险业务甚少涉及。友邦在中国保险市场推出寿险业务时，绝大多数中国人对这一业务产品并没有多少认识。一些富豪商贾虽然有这方面的需要，但因为缺少必要的了解，也都较少主动接触这一业务。

中国人还没有形成购买寿险的意识，但这并不意味着中国人不需要寿险产品。在开展寿险业务之前，史戴就曾走街串巷地实地探访过，他发现大多数中国人拥有购买寿险的需求，只是不了解寿险的具体业务内容而已。

在发现了这一点之后，史戴开始了友邦寿险在中国的第一次本土化尝试。他首先聘请了潘学安、马士奇等在上海保险界举足轻重的人物加入友邦董事会。在这些人的帮助下，史戴又开始大量招募中国本地的保险营销员。

这些新招募的保险营销员经过专业培训，掌握了基本的知识后，迅速进入上海的大街小巷。在他们的宣传介绍下，越来越多的中国人第一次接触到寿险，了解了寿险知识。友邦的寿险产品也借此打开市场，一时风行。

2002年初，友邦北京分公司的一次筹备会议。

"我们今天要讨论的议题是友邦北京分公司的筹备问题，大家可以畅所欲言，说一说自己的想法。"会议主持者说道。

"我认为我们有必要提前接触一些北京其他保险公司的中高层人才，看是否可以做一做工作。"一位身着西服的女士说道。

"我觉得这个方法不妥，挖人空降是一种不打地基直接盖房子的方式，这并不适合我们。"一位中年男士反驳道。

"这种方法确实不太好,容易引发同行的恶性竞争,我们在人才招募上不能使用这种方法。"会议主持者说道。

"在人才招募上,我们依然可以用其他分公司使用过的方法。一方面是从总部调配一些富有经验的部门经理或高级经理去分公司开拓市场,另一方面也要在当地招募一些学历合格素质较高的没有保险经验的,只要我们愿意花时间培养,这些人才都可以成为友邦的业务好手。"中年男士继续说道。

"没错,这个方法是可行的。除了人才招募的问题,大家对我们北京分公司建立的宣传策略有没有好的想法?"会议主持者继续问道。

"宣传策略的问题我有想过,我们北京分公司主要面对北京的投保客户,我觉得应该更多考虑他们的不同之处。"穿西服的女士回应道。

"你觉得北京的客户有哪些不同之处?"中年男士问道。

"北京历来是中国的政治文化中心,这里的人更注重传统,也更注重礼节。我们做保险,也是在做服务,在这一点上,我们应该保持较低姿态。顾客是上帝,我们要注重顾客的需求。"穿西服的女士回应道。

"礼节这一点很重要,我们必须要重视,这一方面,散会后你整理一下具体的方案发给我。"会议主持者强调道。

此后,众人又探讨了许多有关北京分公司筹建的其他议题,这场会议一直持续到傍晚时分。

2002年6月,友邦北京分公司正式成立。在友邦北京分公司的官方网站上,浏览者可以看到一句"北京你好,友邦请安"的广告宣传词。友邦在官方网站上使用"请安"这一词汇,显然是为了向北京市民传递出一种低调姿态。对于素来注重礼节传统的北京市民来说,这句"请安"确实传递到了他们内心深处。

在"请安"后,友邦将第二阶段的宣传词定为"尊贵的北京市民需要更好的保险"。这无疑是一种更低姿态的表述。在这一表述中，友邦不仅表现出了北京市民的尊贵，更在宣传词中暗含了"友邦保险是更好的保险"这一隐藏意义。这一系列宣传表明，友邦的姿态是低调的，友邦的服务是优质的，友邦的保险则是更好的。在抓住北京市民注重礼节传统的同时，友邦还抓住了投保人需要更好保险保障的投保心理，这也是友邦北京分公司成功的一个主要原因。

6月13日，在开业6天后，友邦完成了第一张新保单的签约，这为友邦北京分公司开了一个好头。虽然北京地区寿险市场竞争激烈，但友邦北京分公司依然交出了不错的成绩单。

到2002年年底，友邦北京分公司实现保费收入2493.5万元，招募到874位友邦营销员，超额完成了开业之初设定的目标。而到2005年年底时，友邦的保费收入达到14.43亿元，占当地市场份额的6.35%，同比增长达到了107.7%，这使得友邦成为当年业绩增长最快的寿险公司。

"想想中国投保人不一样的地方。"这是史戴先生初创友邦时，经常思考的问题。在百年之后，友邦已经在中国市场取得了辉煌，下一个百年，友邦需要更上一层楼，这时候，这句话依然是适用的，只不过现在，这个问题已经变成了"想想客户真正需要的是什么"。

实力给客户最好的保障

保险就是保障，一家保险公司必须清楚自己该靠什么给客户提供保障。是书面承诺吗？这是必要的，却不是根本保障。保险公司对客户做出的承诺，需要自身强大的实力做支撑；没有强大的实力，再完美的承诺也只是空谈。

百年以前，刚刚成立的友邦通过一次火险赔付，在大上海立住了脚跟。从经济层面上考虑，这次赔付对于刚刚成立的友邦无疑如一场"霜降"般寒凉，还没赚钱，先赔了一大笔钱，这对于保险公司来说，并不是一件好事。

但在史戴眼中，这件事在很多层面上，都是件好事，至少对于那些获得赔付的商户来说，这算得上是一件好事。而对于刚刚诞生的友邦来说，也并没有那么糟，友邦还能继续为客户提供保险服务，而且还因此获得了一些新的客户。

友邦必须赔，也赔得起，这是当时友邦能为客户提供的最好保障。而现在，在面对保险赔付时，友邦的态度依然坚定，在强大企业实力的支撑下，友邦能够为客户提供的保障也明显增多起来。

郑先生在2015年购买了友邦保险守护人生两全保险，附加重疾险。一年后，郑先生又购买了友邦保险全佑一生"七合一"加强版疾病保险，保额为20万元。

2019年春节期间，郑先生突然出现咳嗽胸闷的症状，开始就吃了点咳嗽药没当回事儿，但是过了一个多月，咳嗽胸闷的程度加剧，他便去医院进行检查。医生给郑先生做了肺部CT和活检，最终郑先生被确诊为肺癌。

郑先生平时不抽烟，生活工作环境也都不错，对于这个结果难以接受。但是，已经得了肺癌，还是要积极进行医治，仅仅第一个疗程过后他就花了8万元。这时，友邦保险营销员帮郑先生向公司递交了理赔申请材料。友邦保险收到理赔申请后，很快对郑先生的保单进行赔付：友邦保险守护人生两全保险附加重疾险，赔付重疾保险金12万元；友邦保险全佑一生"七合一"加强版疾病保险主险赔付20万元，癌症保证金、特定癌症保证金20万元。

上述故事讲述的是一位友邦客户的经历，这位客户购买的是友邦全佑一生"七合一"疾病产品。作为友邦的拳头产品，该款产品集重大疾病保障、疾病终末期阶段保险金、老年长期护理保险金、全残保险金及身故保险金于一体，可以为投保客户终身提供保障。

改革开放以来，中国人的生活水平一直在不断提高，中国的医疗技术水平也得到了迅速发展，这使得中国人的平均寿命比20世纪70年代增长了许多。但一个不容忽视的事实是，伴随着年龄的不断增长，人们患上重大疾病的概率也在不断升高。

病来如山倒，病去如抽丝，那些重大疾病之间关联紧密，当人们患上一种重大疾病时，另一种或几种疾病也会随之产生。一些看上去轻微的病症，如果没有得到妥善治疗，也会逐渐发展成为重度病症，这为人们的健康生活又增加了不少风险。

重大疾病的治疗需要高昂的医疗费用，家庭成员患病又会带来家庭收入的损失，如此叠加，一个人患上了重大疾病，就会给一个家庭带来沉重的经济负担，进而影响整个家庭的生活质量。

重大疾病高发、多发、复发已经成为每个人都必须面对的风险问题，如何在长寿时代让更多客户享受"健康长久好生活"则是友邦近年来不断思考的问题。

2018年，友邦推出了全佑惠享2019全能保计划，这是友邦的标杆产品

"全佑"系列重疾保险产品的革新升级。

新的保险产品延续了旧有产品集轻症、重症、生命终末期、老年长期护理、身故、全残、保费豁免于一体的保障功能，为客户提供终生保障。同时还覆盖了百余种不同病症，兼顾轻症与重症，从高发病症的早期阶段开始，为客户提供各年龄段的高发病症保障，并通过多重赔付构筑起一层层健康防护网，帮助客户全面抵御疾病侵扰。

除了不断深化保险产品的核心保障功能外，友邦还在积极探索新的路径，力求在服务领域与客户进行更为紧密的互动。

随着生活水平的提高，客户对医疗健康服务体验、效果和品质提出了更高的要求，越来越多的客户希望获得更为个性化的医疗健康服务。基于对客户需求的洞察，友邦在2020年起将会面向"全佑"系列产品的新单客户提供"愈从容"重疾专案管理服务。投保"全佑"重疾产品的客户，将会获得优质的医疗资源和贴心的关怀服务，在重疾理赔给付方面，也将会获得更为高效的服务。

当前，市场上的大多数重疾保险产品都要求客户在确诊合同规定的重疾后，才可获得理赔。这就使得罹患重疾的客户不仅要应对重疾的困扰，还要与保险公司沟通理赔事宜。保障是有保障，但为了享受这种保障，客户可能还需要遭受一些不必要的劳苦。

鉴于这种情况，友邦很早就开始打造自己的专案服务团队，该团队成员都拥有医生及护士的从业背景，他们可以在"全佑"重疾疑似阶段，就为申报客户提供就医安排与协调，从而保障客户获得及时、有效的帮助。

当客户一旦确诊"全佑"覆盖的重疾后，友邦的"愈从容"重疾专案管理经理便会提前介入，为客户开通快速理赔通道。这样，不仅为客户省去了重复提交资料的繁琐流程，也极大提高了理赔给付的效率，为客户及早接受治疗提供了充分支持，帮助客户家庭有效抵御因重疾带来的经济压力。

在中国老龄化进程加剧、重疾发病率逐年提升的大背景下，重疾险产品市场的竞争已经日趋白热化。友邦没有把精力放在推出五花八门、形式各异的重疾险产品上，而是专注对自己的"全佑"重疾系列产品进行革新升级。

从上面提到的内容可以看出，友邦对"全佑"重疾产品核心保障内容的升级，进一步强化了该产品的保障能力。而"愈从容"重疾专案管理服务的推出，则又为客户提供了更加符合实际需求、覆盖疾病治疗周期的保障服务。

"保障"一词对于保险行业来说是至关重要的，对于保险公司来说，"保险就是保障"并不仅仅是一句口号，而应该更多体现在保险产品和保险服务上。从百年之前的"信守承诺，勇于赔付"，到现在"全程健康'友'保障"，友邦始终致力于为客户提供全面保障，这一点已经深深熔铸进友邦的企业价值文化之中。

客户至上，把问题想到客户前面

友邦职场，业务员张小姐正在耐心接着电话。

"我问你呀小张，我老伴那个保险到底咋个赔法啊！"话筒中传来一位老奶奶的声音。

"李奶奶，您放心，在了解到李大爷的情况后，我们第一时间就展开了理赔调查，应该很快就会有结果了。"张小姐耐心地解释道。

"你说的很快到底是啥时候嘛，我们这边等的也着急呀。"老奶奶的声音大了许多。

"上次我也跟您的儿子沟通过，李大爷的情况相对复杂，所以理赔审核时间要比一般理赔审核长一些。考虑到您家里的特殊情况，我们这边已经通过快速理赔通道进行理赔处理了，您不要着急。"张小姐继续解释道。

"那好，那好！我就是问一问呀，每天听你说一说话，我就放心了。"老奶奶似乎怕张小姐听不清，依然说得很大声。

"是，您不要着急，您所担心的问题我们早就想到了，我这都给您记着呢，一件一件给您解决呢。您就先照顾好李大爷，我们这边也会派人去医院看望李大爷的，理赔的事情我每天都跟您儿子说的。"张小姐回复道。

"是，你要跟我儿子说啊，那你等等啊。"老奶奶说完，电话中便传来她呼唤儿子的声音。

"哎，您好，是张姐吧！我这刚出去买午饭了，我妈就自己给你打电话了。我这都跟她说明情况了，真是给您添麻烦了。"老奶奶的儿子说道。

"瞧你说的，我也想跟李奶奶唠唠嗑呢。李大爷状况稳定了吧？我们这边的审核马上就做完了，理赔很快会到账的。"张小姐说道。

"好好，没问题。"老奶奶的儿子说道。

　　"这都是我们应该做的，我们把问题都想到了，你们就省心、安心了。那就改天再详谈。"

　　张小姐只是友邦北京分公司的一名普通代理人，但就是因为有如此敬业的人在，才让友邦团队将保险这个普通的行业做得不普通了。

　　要做一个好的营销员，就要时刻把客户记在心上，我们卖给客户的是一份保障，更是一份安心。如果只注重保险销售而不注重保险理赔，那这个营销员是不合格的。

　　这是友邦营销员培训课程中的一段内容，"客户至上"是友邦对营销员开展工作的根本要求。如果心里没有客户，而只是盯着业绩，这种营销员冲得快，倒下得也快，没什么持久力，并不是合格的友邦营销员。

　　一个客户在购买保险产品时，他可能并不知道自己购买的保险产品都包含什么。保单合同上的内容，以及营销员对客户说的话，客户理解的可能也是云里雾里。这种时候，友邦的营销员需要用贴心优质的服务让客户放心，不仅让客户主动提出问题，还要把问题想到客户前面。

　　那什么是客户购买保险后最需要的服务呢？正如上面故事中所述，是方便、快捷、贴心的保险理赔服务。保险并不能防患于未然，防止潜在疾病的发生，却可以在风险或不幸发生后，为客户雪中送炭，解决燃眉之急与后顾之忧。

　　购买重疾险后，发生重症疾病，客户往往会考虑哪些问题？他们可能会考虑自己在病症的哪个阶段可以获得诊疗服务保障，如何才能获得重疾理赔等问题。即使有保单合同，很多客户也思考不清这些问题。

　　友邦"愈从容"重疾专案管理服务所针对的正是这些问题，对于符合专案管理服务要求的客户，如果发生重症疾病，友邦将会迅速启动重疾专案管理服务。不需要客户思考过多问题，友邦先为客户想到了解决方法。

"愈从容"重疾专案管理服务具有五大关键优势,它可以覆盖客户重疾诊疗全过程,并通过长期、专业、周全的服务,满足客户在医疗资源协调和重疾理赔等各方面的需求。在客户服务方面创新拔高,提升了友邦重疾险的市场竞争力,同时也展现了友邦"全程健康'友'保障"的客户价值主张。

在具体内容上,"愈从容"重疾专案管理服务的创新主要体现在以下几个方面。

首先,友邦用人性化服务赋能客户体验,为客户提供更为优质的医疗资源。

传统保险公司在设计重疾险产品时,多在重疾保单赔付方面做文章。友邦在做好重疾保单赔付工作的同时,还增加了重疾医疗支持的服务。通过自有的专属服务团队,友邦可以为客户提供更为优质的医疗资源,其中包括国内专家门诊安排、住院安排、术前指导和术后关怀等服务。这对于罹患"全佑"重疾的客户,无疑是一种温暖之举,虽然细微,却弥足珍贵。

其次,友邦以贴心守护的方式,与客户一同应对疾病挑战。

重症疾病的突袭,对于每一个家庭都是一种挑战,巨额的医疗费用是一种经济负担,长期的治疗过程更是一种无形的精神压力。有许许多多的家庭虽然承受住了经济上的压力,却在沉重的精神压力下分崩离析。

对此,除了在客户重疾诊疗各个阶段帮助客户提供高效的医疗资源协调,友邦"愈从容"重疾专案管理服务还将会提供专业团队,为客户带来覆盖重疾治疗周期的贴心守护。客户家庭只需要专注于重疾诊疗,友邦团队会减轻他们的后顾之忧。

当"全佑"客户申报疑似重疾病情时,友邦"愈从容"专案经理将会及时介入服务,为客户提供电话关怀和心理咨询,同时指导客户选择专业的医疗资源进行病情评估。

将客户疑似患病阶段纳入重疾专案管理的服务范围,可以算是友邦在客户服务方面的又一项重要创新。这将会在很大程度上缓解疑似患病客户的心理压力,同时也能够帮助客户迅速确诊病情,及早治疗。

最后，友邦通过"重疾理赔前置服务"，为客户开启绿色赔付通道。

当客户一旦确诊"全佑"重疾，并且符合重疾的理赔标准时，友邦会为客户开启绿色赔付通道。由于"愈从容"专案经理在疑似阶段便提前介入服务，客户在确诊后便不需要再重复递交理赔材料，这种方式极大地提高了理赔处理效率，让客户可以尽早获得保险理赔金，从而减轻由重疾带来的家庭经济压力。

在快速理赔的同时，友邦还会为确诊"全佑"重疾的客户提供长达半年的关爱服务，保障客户在重疾治疗的各个阶段，都能获得友邦的贴心守护，帮助客户尽早从疾病中康复。

百年以来，友邦的每一次业务革新都是围绕客户服务展开的。当客户需求随着社会发展不断变化时，友邦的业务产品也会随之升级、革新。友邦"愈从容"重疾专案管理服务正是在"全佑"系列核心保障持续升级的基础上应运而生的，其最终诉求便是为客户带来更具价值的服务与关怀。

跨过第一个一百年，友邦开启了新的百年征程。在新的旅程中，友邦将持续为客户提供全方位的健康管理保障，努力成为值得客户终身信赖的"健康管理伙伴"，与客户一同走向"健康长久好生活"。

以诚感人，为客户创造惊喜

2010年，友邦北京分公司，营销员培训课堂。

"能够来到这里听课的，大家都是精英，所以不管是在现在的学习中，还是以后的工作中，大家都要表现出精英的样子来。"一位培训师在讲台上说道。

"精英的样子是什么样子？"一位学员问道。

"业绩优秀呗。"另一位学员抢答道。

"你说的这个业绩优秀也对，但你这个人到底优不优秀，你自己说了不算，公司说了也不算，你的客户说了才算数。"培训师强调道。

"口碑是一家保险公司的品牌形象，也是这家公司的命脉。友邦想要在客户群体中树立好的口碑，需要大家的共同努力。你们得到了客户的认可，友邦才会受到客户的喜爱。"培训师继续说道。

"那我们要用什么样的推销技巧，才能获得客户的认可，让客户购买我们的保险产品呢？"一位学员问道。

"推销技巧是有的，但想要通过一种技巧，去影响所有顾客，是不现实的。而想掌握所有技巧，这显然更不现实。"培训师解释道。

"那该怎么办呢？"许多学员发出了疑问。

"我在培训的时候，很少给学员们讲技巧，我的经验告诉我，技巧只能是辅助，它需要依附于一些核心能力。友邦能够教给大家很多核心能力，其中最为重要的一点，就是真诚的力量。"培训师终于说出了自己的主题。

"真诚的力量？"学员们的心中已经有了答案，却似乎都不太敢确定。

"对，真诚的力量，试着用真诚去感动你的客户吧，这会让你们受益良多的。"培训师心有所感地说道。

"用真诚去感动客户。"这是百年友邦始终坚持的本心。从百年前的火灾赔付，到今天的各类快速理赔产品，友邦始终在以真诚感动着客户。

友邦是如何用真诚去打动客户的呢？想要探寻这一问题的答案，我们有必要深入友邦营销员的日常工作之中。在那里，我们不仅可以发现友邦的真诚源于何处，还可以了解到这种真诚起到的奇妙效果。

戴汝银是较早一批加入友邦上海分公司的保险营销员，在进入友邦后，他始终以专业专注、诚信服务的理念开展保险业务。他的真诚打动了许多客户，这让他在获得客户认可的同时，也收获了许多珍贵友谊。

一次，一位投保刚满一年的客户，在外出时发生车祸死亡。由于这件事发生在外地，客户的家人又忙于料理后事，保险理赔手续履行得并不顺利。为了帮助客户尽快完成理赔，戴汝银亲自前往客户家中，帮助客户联系公安局和医院，获取必要的证明材料。在他的努力下，客户家人在很短时间内便拿到了友邦给付的保险理赔款。

当客户家人决定拿出一点钱为戴汝银报销差旅费用时，戴汝银坚决不收。在死者的追悼会上，戴汝银为死者送了一个花圈，当他在死者遗像前默哀时，眼眶湿润，仿佛一下子明白了自己保险工作的意义。

经过几年的辛勤工作，戴汝银已经拥有了超过1000位客户，他不仅能记住所有客户的姓名，同时还能记住客户的其他情况。每位客户在过生日那天，都会收到他送上的生日贺卡。这件看上去不起眼的小事，他一做就是6年。

戴汝银只是万千友邦营销员中的一员，他所做的，也是友邦万千营销员始终在做的工作。以客户为中心，以服务为驱动，肩负起公司、客户乃至整个社会赋予的责任，始终是全体友邦营销员的共同目标。

友邦为中国保险业培养了一批批优秀的保险营销员，这对于客户来说无疑是一种惊喜，他们不必再害怕被"忽悠"，也不必为如何搭配保险而发愁，因为友邦营销员的存在，这些问题都将不复存在。

为了让客户获得更好的服务体验，为客户创造更多的惊喜，友邦始终在不断革新自身的营销员培训体系。这一方面是友邦向上发展的需要，一方面也是中国保险行业更好发展的需要。

1992年，友邦将保险代理人制度引入中国，为中国保险业带来了第一次革新。此后，我国的保险营销员数量逐年攀升，到2017年已经达到806万人。但伴随着保险营销员人数的增多，从业人员水平参差不齐、"人海战术"泛滥等问题也严重威胁着保险行业的健康发展。

为了应对行业的新变化，友邦在超额完成第一个"五年计划"后，又推出了"新五年计划"。在"新五年计划"中，创新的渠道建设方案成为亮点，它重新定义了营销员在服务和陪伴客户中的新角色。

这一新的渠道建设方案更加强调为客户提供高品质、够专业、有温度的服务体验，友邦将通过推进规模增员精英化、经营管理系统化、销售顾问专业化、客户服务标准化、作业平台数字化策略，来继续巩固卓越营销员渠道的优势，力求将营销员从过去的"保障专家"升级成为客户的"健康管理伙伴"。

"营销员渠道优质增员"是友邦营销员体系升级的基本战略，它提高了营销员准入标准，逐步实现标准化全流程线上招募管理，全方位调研新人成长数据，最终助力营销员培训升级。这是一套完整有效的营销员培训流程，在友邦创新渠道建设过程中发挥着重要作用。

通过优质完善的培训体系，友邦希望营销员可以获得更多金融、医疗、法律、税务方面的知识，将营销员打造成集保障专家和健康管理伙伴于一身的专业顾问，让营销员可以从保险咨询、医疗健康、税务法律等诸多方面，为客户提供专业成熟的服务。

另一方面，友邦还希望通过成熟完善的发展体系，为营销员提供进一步发展的平台。在卓越营销员之外，友邦希望每一位营销员都可以成为具有企业家意识、具备行业领导能力的保险管理者。

除了营销员培训流程升级外，友邦还通过标准化客户开拓体系和营销员服务标准评级等方式，不断完善自身的销售体系，建立全面的服务标准。2018年，友邦先后推出了支持团队管理的Master Planner工具和基于微信端的24小时在线服务机器人"友邦小友"等数字工具，结合友邦此前推出的爱投保、爱服务等数字化平台工具，友邦将继续通过科技赋能业务，不断优化客户的服务体验。

将客户体验作为衡量渠道品质的标准，体现了友邦对客户体验的重视；以价值观和专业能力作为营销员培养的入手点，又为客户体验提升提供了保障。友邦始终在不遗余力地进行营销员渠道的革新，作为这方面的开拓者和引领者，友邦身负重任，奋勇前行。在跨越百年历程的同时，友邦期待为行业打造出一支具有更高素质、更现代化、更具服务意识的营销员团队，为客户提供更具品质与价值的服务。

百年风雨历程，友邦一直在为客户创造惊喜，这种惊喜始于企业发展与人才培训策略的制定，展现在营销员与客户日常诚信友善的交往之中，汇聚在每一位客户对友邦营销员和友邦保险的认可上。友邦为客户创造的一切惊喜，最终都转化为客户对友邦一点一滴的认可，小溪流入江河，江河终归大海，客户的认可又将成为友邦为客户创造惊喜的动力源泉。

和客户共同成长

自2018年以来,中国进一步加快了对外开放的速度,保险业外资投资和机构设立的条件不断放宽,这为外资保险企业进入中国市场提供了便利。

作为在中国最早获发个人人身保险业务营业执照的非本土保险机构,友邦长期坚守品质和价值发展之路,始终将客户体验放在第一位,通过与众不同的产品与服务赢得了市场和客户的认可。

着眼于日益丰富的客户需求,成为中国最受信赖的保险公司,是友邦在客户服务方面的一贯追求。为了更好地实现这一追求,友邦在渠道建设、产品结构和企业文化建设方面,都进行了革新与探索。

2017年,友邦推出了"易服务"电子化自助服务平台。借助这一平台,用户可以直接通过移动终端进行保单查询、变更、支付和理赔等电子远程服务。

在"易服务"电子化自助服务平台上线之前,友邦也推出了"网上服务中心""掌上友邦APP""微信客户服务"等便捷功能服务。这一次的"易服务"电子化自助服务平台就是由这些服务功能整合升级而来的。客户可以通过手机、电脑等多种客户端,享受保单查询、即时续保、在线理赔和借款还款等多种功能。

更让客户惊喜的地方在于,通过"易服务"平台,小额理赔可以完全实现免收资料。客户不再需要将病历资料送交保险公司,友邦的客户只需要打开"易服务"自助平台,根据相关要求拍照取证。上传相应资料后,便可以最快速度完成在线理赔流程。

为了进一步节约客户的时间,提高各项业务办理的效率,友邦还通过智能化手段，在"易服务"平台上实现了客户在线签署回执、线上完成回访、人脸识别认证等业务办理，减少了客户与营销员、保险公司沟通的时间，大大提高了双方的沟通效率，其简单操作为客户带来了更为畅快的服务体验。

北京的王女士在2016年购买了友邦的意外险保险产品，2016年一次外出游玩时，不小心伤到了脚踝。在接受治疗后，王女士使用"易服务"电子化自助服务平台上传了自己的伤情信息，以及理赔申请资料。仅过了一天，她便收到了友邦发来的理赔完成的通知，理赔款也即时到帐。

王女士的案例并非个案，在"易服务"平台上线之前，这种情况需要理赔专员线下核查。在理赔专员核查之后，才能进行理赔申请，这是大多数保险公司的保险理赔流程。这样的理赔流程相比于线上自助理赔要低效得多，"易服务"电子化自助服务平台的出现，正是为了满足客户高效理赔的需求。

在快节奏的工作生活状态下，人们对消费内容的需求越来越高效，在保险需求上，客户也越来越注重理赔流程和理赔速度。尤其是在一些案情较小、理赔金额较小的事件中，客户更希望可以快速获得理赔。

了解到客户的现实需求后，友邦对这一问题进行了分析，最终上线了专门针对小额理赔的"易赔"系统。作为友邦"易计划"的创新升级服务项目，友邦"易赔"系统优化了理赔流程，将那些对客户而言较为"复杂"的理赔环节变得更加智能便捷。

"易赔"智能系统不需要客户自己动手操作，理赔资料上传、信息录入工作都可交给营销员来完成。在资料上传后，"易赔"的后台系统会迅速完成70多项智能判断。根据结果，系统会授权营销员对符合条件的小额理赔案件做出赔付决定。赔付决定做出后，赔款便会即刻达到客户的银行卡账户。

为了让客户在小额理赔过程中获得更好的服务体验，友邦还针对"易赔"系统专门研发了一套完整的营销员线上培训体系。在提高营销员业务服务水平的同时，也为客户带去了贴心、安全的人性化体验。

除了针对小额理赔客户推出"易赔"服务外，友邦还针对重疾险客户推出了"金装理赔"重疾关爱服务，为重疾险客户带去了人性化的关怀与体验。

北京的商先生购买了保额70万元的友邦保险重大疾病保险产品。今年初，在友邦保险营销员的提醒下，他参加了友邦提供的贵宾客户例行体检。没有想到，在体检中，商先生发现个别检查项目出现异常，友邦保险营销员立即将这一情况上报了公司。

在商先生进行进一步检查的同时，友邦已经迅速启动了"金装理赔"重疾关爱服务，第一时间安排理赔及客户服务专员陪同营销员前往医院探望商先生，不仅带去了友邦的关怀和问候，更和他一起坚守在医院，与院方反复进行沟通，希望尽快了解诊断结果。依据病理检查结果，最终商先生被确认不幸罹患癌症。

正当商先生手足无措之际，坚守在医院的友邦专员已确认他的病理结果符合保险理赔责任，当即启动了前置理赔服务，默默搜集了理赔资料，在短短三十分钟内就为商先生完成了理赔操作并作出了赔付决定。24小时内，高达70万元的理赔款项已经送到了商先生手中，为他未来的治疗带去希望。友邦金装理赔服务的专业、及时、高效得到了商先生和家属的一致好评。而这次理赔也成为了友邦中国"金装理赔"重疾关爱项目实施以来理赔金额最大，也是北京地区首例重疾赔付案件。

"金装理赔"增值服务是友邦"易计划"的一项重要革新，它从客户的实际需求出发，简化了理赔服务的诸多流程，通过贴心优质的服务强化客户体验。

友邦所追求的客户服务水平提升，并不仅仅局限在表面，在思考问题时，友邦也会比客户想得更多。

国家卫生部的数据显示,当前我国重大疾病的 5 年存活率男性 60%,女性 70%。诸如癌症之类的重大疾病,如果能够在初期阶段便接受适当治疗,病患的 5 年存活率甚至可以达到 100%。

这是医疗技术进步为病患带来的福利,昂贵的治疗费用却是医疗技术无法解决的问题。动辄几十万、上百万的治疗费用,通常会让病患家庭倾家荡产,对于重大疾病患者来说,"大病致贫"是他们不愿面对但又不得不面对的残酷现实。

为了让友邦重疾客户在第一时间获得优质诊疗服务,友邦在重疾理赔关爱增值服务中推出了"理赔服务前置"举措。对于满足条件的客户,一旦明确了诊断结果,友邦便会派出专职客户服务人员主动协助客户收集理赔资料,帮助客户优先完成理赔审核。这样,在客户入院治疗的初期,友邦的保险理赔款就会送到客户手中,在解决客户燃眉之急的同时,也为客户重燃了生的希望。

近年来,友邦中国以客户服务为驱动的转型升级正在如火如荼地进行,客户的需求在与时俱进,友邦的服务也要跟着与时俱进。

第八章

友邦品牌，健康、长久、好生活

  健康、长久、好生活，是友邦保险的品牌承诺，它源自友邦保险长期以来"以客户为中心"的发展理念。友邦在新的百年起点上，定下的目标就是帮助数以百万计的客户拥有健康、长久、好生活。因为客户只有更加健康，才能更好享受生活；因为客户只有更加健康，才能拥有更多时间享受美好生活。

友邦公益，为爱而行动

1921年，友邦保险为中国带来寿险服务理念；1992年友邦保险重返上海，又带来了保险代理人制度，助力中国保险行业的发展；2010年在香港上市后，友邦保险更是成为中国保险行业的标杆。它的每一次革新之举，都对中国保险行业产生了重要影响。这些都是友邦对中国保险行业做出的贡献。

保险是一个充满爱心的事业，保险人通过优质服务为客户传递爱与温暖。在保险业务之外，他们还会通过主动承担社会责任，为更多人带去阳光与希望。在这一点上，友邦无疑是优秀的践行者，比如，友邦在救困助学、抗震救灾等方面的公益事业做得有声有色。

在1992年重返中国市场以来，友邦在保险业务方面取得了成功。同时还积极投入，履行企业公民社会责任，致力于促进大众健康生活品质的形成与提升。

"健康长久好生活"是友邦保险重要的品牌承诺，也是其对客户的庄重承诺。友邦所开展的一系列公益活动，也正是围绕这一企业文化理念所展开的。

1. 友邦天使心

根据联合国经济与社会事务部的统计，全球每100个孩子中，就有6~8个孩子有身心障碍，这些孩子被称为"爱奇儿"。而在一些公益机构的家庭内部调查中，有近半数"爱奇儿"的父母在照顾孩子过程中，会感到焦虑、无助，一些父母甚至到了心力交瘁的地步。调查结果显示，九成以上的家庭希望被社会理解和接纳，得到大众的关注与支持。

友邦保险早在2014年便开始关注"爱奇儿"家庭，2015年，友邦与天使心公益机构共同设立"友邦保险天使心公益项目"，为"爱奇儿"家庭提供了支持与帮助。

秉承着"以信为本、点燃希望、为爱奔跑"的核心价值理念，友邦携手天使心，提出了"父母先走出来，孩子才有希望"的倡议；同时，还通过音乐会、喘息讲座和成长营等活动，将"爱奇儿"家庭聚集在一起，帮助众多父母共同走出阴霾，重获希望。

喘息讲座是友邦天使心项目的重点活动。在喘息讲座中，志愿者会帮助父母全程照顾"爱奇儿"，父母在这两个小时时间里，则可以参加由专业师资力量提供的充电课程。他们既可以在这两个小时里相互沟通、寻求安慰，也可以利用这两个小时为自己充电。在一次次喘息讲座中，父母们不仅得到了喘息、支持，也感受到了爱与希望，这些都将成为他们继续走下去的动力。

成长营为"爱奇儿"家庭提供两天一夜的出游体验。在成长营中，没有旁人的目光，没有旅途的坎坷，在志愿者的暖心陪伴下，"爱奇儿"家庭可以抛却烦恼，融入集体之中，在阳光之下，享受生活的美好。

现在的友邦天使心已经成了一个温暖的大家庭，在广东、上海、深圳等地不断传递着温暖与爱心。伴随着友邦保险在中国业务规模的扩大，友邦天使心将会进驻到更多中国城市，越来越多的"爱奇儿"家庭将会与友邦天使心一起为爱奔跑，共享阳光。

2. 友邦救困助学

保险就是保障，保险公司为客户提供保障是本分，为社会提供保障则是本心。友邦的本心就在于为更多中国家庭提供温暖与保障，这是友邦的企业责任。

从2007年开始，友邦便与中国儿童少年基金会展开合作，积极参与到对贫困地区妇女儿童的救助，以及灾后重建等公益活动之中。仅一年时间，友邦便向中国儿童少年基金会捐赠了600万人民币的善款。

在深入灾区探访、考察的过程中，友邦深切体会到一家企业积极承担社会责任的必要性。为了更为长久有效地开展公益项目，友邦与中国儿童少年基金会合作设立了友邦保险爱心基金。友邦想通过这一基金会的成立，号召更多社会人士和企业参与到关爱儿童、关注弱势群体的队伍中来。

现在，友邦保险爱心基金已经在北京、上海、广东、深圳、江苏等地援助建设了19所民工子弟学校爱心图书馆。在友邦的帮助下，这些地区的民工子弟也能和城市孩子一样，享受平等的教育和阅读环境。

在友邦保险爱心基金之外，友邦还与众多高校合作设立了"友邦北京助学金"项目。每年都会有来自北京大学、中国人民大学和中央财经大学的30位品学兼优却家庭困难的保险相关专业的学子获得友邦提供的助学金。这是友邦的公益之举，也是其培养本土化保险人才策略的重要举措。

培养更多优秀的中国保险人才，这一理念在友邦传承了一百年，无论是1919年的友邦，还是2019年的友邦，都在坚定不移地做这件事情。

从1994年开始，友邦便与众多中国高校合作设立了精算中心。在精算中心的帮助下，学生可以更方便地参加北美精算学会的专业考试。

2011年友邦中国又发起了"友邦青年领袖计划"，其目的在于引导青年了解公益活动的重要性，进而培养更为成熟、更具有社会责任感的年轻一代。

友邦坚信，一家企业的未来取决于这家企业中年轻一代的上限和发展潜力，而一个国家的未来，则更是取决于年轻一代对社会做出的贡献。因此，培育年轻一代是一个企业，甚至国家走向未来、长久发展的一个重要举措。

一百年间，友邦在中国大地上留下了太多印记，这些印记已经深深刻入中国的历史年轮之中。做保险，做公益，一个是生意，一个是责任，在友邦的天平上，二者是等量持平的。为中国顾客普及保险理念，为中国人提供保险服务，为中国人提供保险保障，这才是友邦真正的企业价值所在。

做好口碑，铸造友邦金字招牌

小张是个内向的姑娘，在成为友邦保险营销员之前，她曾是一位董事长助理。从只为一个人服务到一下子面对成百上千的客户，她在最初并不适应。无论是语言表达，还是朋友圈人脉，与其他营销员相比，她都不占有什么优势。

"谁说内向性格就做不了保险？只要我们的产品得到客户认可，客户自然选择我们。"这是小张初做保险时的想法，在此后与更多客户接触后，她对这一认识又有了更为深刻的体验。

在成为保险营销员后，小张经常在妈妈的微信群里与叔叔阿姨们交流。从保险产品选择到保险理赔流程，即使知道阿姨们并不打算要购买保险，但只要有人提出了保险相关的问题，她都会认真为大家解答。渐渐地，微信群里的阿姨们都了解了友邦的保险产品，借着她们的宣传，小张开始拥有了自己的客户。

在入职第五个月时，一位客户在她的介绍下，为自己的孩子购买了一份保险。仅仅过了一个多月，客户的孩子因为回老家玩耍时不慎滑倒，后脑勺磕到了地上，随后还出现了嗜睡和呕吐的症状。

客户先是带着孩子去医院进行了紧急治疗，待孩子情况稳定后，客户才想起向小张咨询是否可以获得保险理赔的问题。在了解到这一情况后，小张第一时间询问了孩子的情况，在确定孩子情况后，告知客户理赔需要什么资料，并及时协助客户递交至系统。

从接到客户理赔申请，到完成理赔给付，仅仅用了不到一天时间。

在收到理赔款后，这位客户还专程联系到小张，除了亲自向她表示感谢外，还与她谈了些自己以前购买保险的经历。谈到那时申请理赔的麻烦，客户甚至对这次如此迅速获得理赔感到有些不敢相信。

在此之后，小张一直与这位客户保持着联系。每次客户遇到保险问题，小张都会认真帮她解答。有感于小张的真诚，这位客户在两年时间里，断断续续为小张介绍了26位顾客。

通过这件事，小张深刻感受到了真诚服务才是保险营销的根本。在两年时间里，她一共收获了179个客户，服务保单300多件。她的这些客户大多都是由老客户转介绍过来的，这些客户不仅认可她的服务，更认可友邦这个品牌。

两年的工作让小张收获颇多，同时也坚定了她在友邦保险继续奋斗下去的信心。

在保险销售中，客户需要关注保单合同的具体内容，只有觉得这款保险产品符合自己的需求，他们才会认可并购买。在这个过程中，保险营销员充当的不应该仅仅是保单合同的解释者，还要成为企业价值文化的传播者。

保险公司营销员在客户面前代表着保险公司的形象，在没有接触营销员之前，客户可能会相信广告上的宣传，产生对某一保险公司的某些印象。而当他们接触到这家保险公司的营销员后，他们将会重新认识这家保险公司，这也会最终影响到他们的判断与选择。

友邦很清楚营销员对于企业的价值，因此，非常注重对人才的选拔与培养。现在，友邦的营销员已经成为友邦最为重要的核心竞争力，是友邦品牌的口碑保证。

在友邦将代理人制度引入中国后，国内各大保险公司开始大量招募保险营销员。这些保险公司以风卷残云之势招募了大量保险营销员，随后又以"人海战术"疯狂抢占中国保险市场份额。中国保险行业的大发展时期，营销员大军发挥了至关重要的作用。但在一定程度上，水平参差不齐的营销员大军，

也对我国保险行业的发展造成了诸多负面影响。

在招募保险营销员这件事上，友邦的做法与其他保险公司不同，它并没有盲目以"人海战术"去抢占市场，而是始终坚持只招募精英营销员。这为友邦打造职业品行良好、专业素养较高的可持续发展的营销队伍打下了坚实基础。

放弃了"人海战术"的友邦，在营销员招募之初，就坚持严格的人员筛选制度。一个应聘者想要得到友邦的正式签约，往往需要经过三轮面试和近两个月的岗前培训，合格的应聘者才能得到录用。这种高标准的营销员筛选制度，可以保证营销员队伍的整体素质，同时还可以保证营销员队伍的稳定性。

而当营销员入职后，友邦还会通过"业务管理排查制度"来规范营销员的日常行为，避免各种问题保单的出现。这种制度更像一种合规检查，规范营销员展业行为的同时，也维护了客户的正当利益。

在发现营销员的违规行为后，友邦则会以"零容忍"的态度严肃处理，这是打造精英营销队伍、保障客户根本利益的必要举措。

友邦的品牌与口碑，正是通过一位位精英营销员的行动树立起来的。当人们提到友邦时，最先想到的往往是那些优秀卓越的友邦营销精英们。

在加盟友邦前，小刘一直在研究所从事医学研究工作，那时的她还只是友邦的客户。在与自己的营销员相处的过程中，她从营销员身上发现了一种与自己截然不同的热情的生活状态。可能是常年在研究所工作，原本外向热情的她，也逐渐变得内向起来。

出于好奇，也是为了改变一下自己，小刘在自己营销员的推荐下，参加了友邦保险的体验式培训。从这时开始，她才真正了解了保险这个行业，以及友邦这家保险公司。

在培训之初，她发现培训班中的学员中简直是藏龙卧虎，他们中有执业十多年的律师，也有企业的白领和高管，还有像自己一样的医学研究者。看到自己身边拥有如此多各行业的优秀人才，小刘更加坚定了自己来友邦开拓新事业的决心。

顺利通过培训考核后，小刘正式加入了友邦。相比于其他跨界的营销员，她的医学经历为她开展保险业务提供了很多帮助。

在为客户介绍保险产品的同时，她还会从医学角度更为专业地为客户分析过往病史及身体状况，从而为客户在保险产品选择时，提供更为准确的建议。在此基础上，小刘还会利用自己在医学界的人脉，邀请医学名家为客户们进行健康讲座，这种保险保障之外的增值服务对于大多数保险客户而言是非常有价值的。

在加入友邦后，小刘的生活发生了很大变化。在为客户办理理赔服务时，她真正认识到保险这份工作的意义所在。凭借着个人努力与公司支持，小刘顺利成为MDRT（The Million Dollar Round Table 百万圆桌会议）会员，对于自己在友邦的未来，她显得信心满满。

友邦的营销员并不是千人一面的，有的人擅长以亲切的问候拉近与客户的距离，有的人则擅长用自己的专业知识帮助客户解决疑难。但在他们身上毫无例外地都会看到友邦企业价值文化的影子，真诚、热情、专业、卓越，这些是客户对友邦营销员的赞美与客观评价。

为中国保险行业培养越来越多的精英营销员，既是友邦的责任，也是友邦的义务。而这些友邦的精英营销员也已经成为友邦的口碑，在将来，这些精英营销员也将成为中国保险行业的口碑。

服务革新，让顾客享受精英服务

什么是保险公司长期成长的基石？是客户的信赖！怎样才能获得客户的信赖？要靠坚守品质保障，更要靠锐意进取和服务革新！百年友邦当前所取得的成绩，可以简单归结为上述内容。

看上去简单，但是仔细分析后会发现，这里面的每一点都不简单。友邦对品质与信誉的执着坚守，在百年风雨中未曾改变；友邦对产品和服务的锐意革新，也经历百年，直到今天依然在与时俱进。

在"新五年计划"中，友邦指出要将"以客户为中心"真正渗透到组织和渠道的每一个环节之中，同时加大人才和科技方面的投入。这是友邦中国新的尝试，已经成为中国保险行业标杆的友邦，希望携手整个行业一同打造未来的行业新标准。

友邦将"建立中国最受信赖的保险公司"确定为公司的新愿景，将坚守品质与革新服务作为实现目标的重要手段。在第二个一百年中，友邦将会让每一位顾客继续享受到精英般的服务。

在服务革新方面，友邦保险主要从产品创新和客户体验管理两方面入手，进行了一些尝试与改变。

2019年，友邦推出了全佑惠享2019全能保计划，这是对友邦标杆产品"全佑"系列重疾保险产品的升级换代。新的"全佑"系列重疾保险计划产品更加注重疾病从轻症发展到重症的衔接，同时将保险金全程覆盖到客户疾病诊疗的各个阶段，确保客户在各个阶段申请理赔，并享受到友邦保险的快捷赔付。

友邦对保险产品的革新是从客户需求的角度出发的，旧有的保险条款在实际操作中发现的问题，也会在保险产品的革新中得到解决。随着时代的变迁，客户的需求种类和需求水平也在不断发生变化，这就使得友邦对保险产品的革新也必须紧跟时代，紧跟客户需求的变化。全新升级的全佑惠享2019全能保计划正是基于这一点而推出的。

在产品革新之外，在客户体验管理方面，友邦也进行了许多创新尝试。

2016年，友邦上线了首个实时追踪客户反馈的管理系统EFM（企业管理系统），这是友邦为了更加有效地倾听客户声音的一种尝试。经过两年时间的应用，EFM系统已经与百万人次客户达成连接，成功收集了10万多条客户反馈，客户反馈的整体满意度也达到了97%。

在微信端推出的"友邦小友"24小时在线服务机器人，也是友邦服务革新的一项重要尝试。作为友邦"新五年计划"中以"科技驱动领先优势"的重要举措，依托于语音识别、自主学习和多意图理解等深度人工智能技术，"友邦小友"可以更为人性化地回答问题。

2017年3月，友邦又推出了"健康友行"App，这一智能化软件已经成为新时代友邦客户服务升级的重要平台。通过"健康友行"App，友邦完成了从客户保障专家角色，向着客户健康管理伙伴转变的第一步。可以说，这是一种具有里程碑意义的尝试。

当大多数保险公司还在关注疾病管理时，友邦已经将目光聚焦到了健康管理领域。友邦的"大健康"在关注疾病管理的同时，更注重健康管理。通过一些预防式的健康管理，将还未发生的疾病隐患祛除，帮助客户获得更健康的生活方式，降低疾病的发病概率，这已成为友邦在新的一百年中服务革新的重要内容。

借助科技的力量，友邦一直在不断进行服务革新。为了更好地优化客户体验，在营销员培训方面，友邦也在进行积极尝试。

2018年上半年，友邦推出了全新的Master Planner工具。这是一款帮助团队管理者在营销员招募、绩效考核评估和业务规划方面进行系统有效管理的

数字化工具，结合其他早期已经推出的数字化工具，友邦已经构建起有效的营销员培训及优增体系。这一体系的构建，将会在很大程度上提升营销员的客户服务水平，为友邦的新老客户带去更为优质的服务。

品质服务是友邦不懈坚持的发展之路，同时也是友邦向客户型企业转型的重要助力。坚持服务革新，坚持以客户为中心，让友邦在竞争激烈的中国保险市场闯出了一片天地。

未来 10 年，是中国保险行业转型升级的关键时期，行业监管日趋严格，客户需要也更为多样，这对保险企业来说是不小的挑战。但从另一方面来看，大众保险意识逐渐觉醒，国家对保险行业的政策扶持也越来越多，这又为保险行业提供了诸多机遇。

作为品质服务和优质保障的引领者，友邦将坚守保障根本，为每一位客户提供更为优质的服务。同时，友邦还会在产品、服务、科技等方面不断革新，力争在新的一百年中，依然是中国更受信赖的保险公司。

细节制胜，友邦人赢在每一个小细节上

《道德经》中说：天下大事必作于细，天下难事必作于易。保险是件大事，也是件难事，想要做好这件事，不在细节上下功夫，就无法化难为易，取得好的成绩。

在这件大事、难事上，友邦做得很好，取得了业界瞩目的成绩。成功的原因多种多样，想要尽数捋清，并不容易。纵观友邦保险的发展史，这家企业正是经历了无数变革、抉择与拼搏，才成为一家百年企业的。而透过这些宏观的成功因素，我们会发现，友邦的成功其实更多源于其发展过程中的每一个小细节。友邦赢下了每一个小细节，才迎来了现在的成功。

客户在选择保险产品时，可能会有哪些细节方面的需求？这是友邦各种会议中经常会探讨的问题。分公司的营销员会议上，营销员们会根据亲身经历探讨这一问题；总部的高层会议上，部门领导也会从各部门战略规划方面思考这一问题。

对于这一问题，友邦人想到了许多答案，这些答案中的一部分已经借力于"新五年计划"成功实施，还有一些，也正在稳步推进之中。在这件事上，友邦的态度很明确，要始终坚持以客户为中心，以客户需求为服务革新的驱动，解决好客户服务方面的细节问题，做好每一个细节，才能让客户享受到服务的便捷。

现代保险行业的竞争主要体现在客户服务方面，客户服务水平的好坏，则更多体现在客户服务细节上面。细节服务涉及企业与客户接触的方方面面，既体现了服务水平的高低，也体现了服务质量的好坏。如果两家保险企业从整体实力、产品结构等方面不分伯仲，那谁能够为客户提供更为周到、更为

独特的细节服务，谁就能更好地获得客户的青睐。

高净值人群是友邦的主要客户，这些高净值客户选择友邦，除了看重友邦延续百年的品牌保障，另一个重要的原因就是友邦为高净值客户提供的高度专业化的细节服务。

友邦为高净值人群配备了整套完整的服务体系，其中包括医疗网络、体检机构和法律援助等。除了在产品和服务网络方面做好细节工作外，友邦还专门配备了高端服务团队为客户提供专业、细致、周到的服务。这一服务团队中既有专业的精算师、会计师和税务咨询人员，也有专业的法律人员。

"精细化服务必须抠得很细。"友邦中国首席执行官张晓宇如是说道。

一家保险企业如果要做上亿保额的税务保单，如果没有强大的财务背景和技术背景，没有与再保险公司之间的良好合作，是做不成这件事的。友邦拥有这样一整套的技术和专业能力，在这种大的背景保障下，他们才能在精细化服务方面越抠越细。

另一方面，为了确保高净值人群信息的私密性，友邦对营销人员进行了细致筛选。并不是什么人都可以做高净值人群服务的，在友邦，只有较少数的顶尖营销员可以去做。

为了进一步增强信息的私密性，友邦对存储在系统中的客户信息进行了多层隔离。营销员想要查询客户信息，可能需要经过多层核验才行。

你可以去构思五年计划，但如果你忽视其中的细节问题，那你就无法制订出好的五年计划。这是格林伯格执掌友邦时经常会说的一句话，他的这种严格追求细节的精神在一代代友邦人身上传承。在他之后的友邦人或许没他那样严格，但他们都足够注重细节。

在友邦开展的诸多项目中，我们都可以看到这种对于细节的苛求。

2016年，友邦中国对自己的官方网站进行了全面升级。通过先进互联网技术的加持，友邦新官网可以满足客户使用多终端登录，极大提升了客户的浏览体验。

第八章 友邦品牌，健康、长久、好生活

这种改变其他保险公司也在做，在当时算不得新鲜。但严苛细节的友邦对这点改动显然并不满意，他们又在官网上增加了服务指南、理赔指引等五花八门的新功能。

点进友邦的新官网，客户会在醒目的标识下快速找到自己需要的服务信息。而想要查询理赔结果的客户，还可以通过友邦的新官网直接查找到自己的《理赔结果通知书》。

这些小细节虽然并不显眼，在实际应用中，却实实在在地提升了客户的使用体验。

在客户最为关心的核保及理赔问题上，友邦也在一些细节之处做了改变。通过提高客户可购买的最高保额限制，以及免体检保额及财务核保要求，满足客户新增的保障需求，让客户可以更为顺心地完成投保。

核保原则优化的同时，友邦还对服务及理赔流程进行了适当简化，省去了一些略显冗余的环节。在一些重大理赔结案后，友邦的客户不需要再去签署结案切结书；而在一些特殊理赔案件结束后，友邦客户也不需要再去签署确认函。

在理赔流程中涉及的各类申请表格及信函，友邦也进行了适当精简。在客户递交理赔申请资料，友邦理赔专员审核确认后，客户便可以当场取回理赔资料的原件。这样做不仅简化了理赔操作的流程，同时也不会耽误客户利用理赔资料原件处理其他事务的时间。一个小小的细节优化，为客户提供了极大的便利。

除了这些看得见的细节优化外，友邦在营销员培训课程中还进行了一些看不到的改变。在与客户沟通过程中，友邦倡导营销员多使用"简单易懂的语言"，在与客户接触的方方面面，营销员都需要从细节上让沟通变得简单、便捷、高效。

重视每一个沟通细节，把细节做简单，让沟通更高效，这是友邦对营销员的更高要求，也是其对细节制胜的进一步追求。

保险是保障，更是服务，每一个微小的细节都很重要，"千里之堤"也需要提防白蚁侵蚀。现在，友邦已经走过百年，在其身后，可以看到无数个由细节堆砌的"石碑"，那是友邦曾经的辉煌。向前看，前方并不是一片坦途，但在每一个细节上，友邦都会力争取胜，下一个一百年，再一个一百年，友邦的"万年长征"现在才刚刚开始。

信誉第一，一脉相承的坚守

2009年，南方某知名媒体曾发表过一篇名为"信守承诺，雪中送炭"的新闻报道，这篇报道的一方是一个被重病击倒的家庭，另一方则是友邦保险。

6岁的小爱是一个非常可爱的女孩儿，有一双大大的眼睛，聪明伶俐还有些调皮。小爱的父母将全部的爱都倾注在了她的身上，让她拥有一个无忧无虑的童年。然而，一场噩梦却突然降临了。在2007年的某一天，一直身体不错、顽皮好动的小爱突然连续数天高烧，且持续不退，接着便是连续的咳嗽。

随着病情的不断恶化，让一开始认为小爱只是得了感冒的父母开始着急起来，他们连忙带小爱去医院检查。而当医生将检查结果告诉他们之后，一家人顿时像遭受了晴天霹雳一样，小爱患上了急性早幼粒细胞白血病。这种病非常致命，如果不赶快化疗，小爱很可能在半年之内就失去生命。

不过好在这种病是有治疗方法的，且治愈率并不算低，经过有效的医治，小爱还是有可能康复的，只是需要一大笔治疗费用，而这对于小爱一家来说可就是最大的问题了。小爱虽然生在一个小康之家，但如果小爱的治疗周期超过一年，那她家的家底很可能就会被掏空。

没有办法，不能眼睁睁看着小爱失去生命的父母只能向身边的亲戚、朋友借钱，东拼西凑总算把小爱送进了医院。眼看着小爱的病情有所好转，但之后的治疗费用从哪里来呢？

然而，令小爱父母万万没有想到的是，友邦保险的业务员却找上了门来。原来，和小爱家同住一个社区的一位友邦员工听说了小爱患病的事，她记得小爱父母曾经在友邦投保过相关保险，于是就主动找到了小爱父母。

当时，为生病焦虑的小爱父母早就把投保的事情给忘记了，经过这位邻居的提醒，他们瞬间兴奋了起来，感觉就像抓住了救命稻草一样，他们立刻向友邦保险公司递交了理赔申请。

友邦保险在收到理赔请求和获知小爱的情况后，立即加急办理，很快将30万元理赔款支付到帐，后续又对小爱进行了保费豁免。

有了友邦这笔钱，小爱终于又能够放心获得救治，用小爱父母的话说，是友邦给了小爱第二次生命，也给了他们家庭第二次生命。

作为商业社会的"理性的人"，友邦人其实完全可以只是等着小爱父母上门请求理赔，友邦代理人却主动找上门去，将帮助小爱家看作自己的分内事，这就是对友邦精神最好的诠释。

从友邦的创始人史戴，到现在中国数以万计的友邦代理人，友邦对于诚信的坚守是一脉相承的。诚信绝对不是一个企业的自我表白，而是在与广大消费者的接触沟通中体现出来的。

一些企业百般努力创造出品牌，产品却昙花一现，关键就在于忽视了内部诚信文化的积累。要知道，消费者是通过企业的服务质量来体验企业诚信度的，在技术日新月异、服务更新迭代的今天，新产品、新服务总是层出不穷，消费者选择一家保险公司进行投保时，选择的是现在，购买的是未来。因此，有没有诚信污点，是否将诚信放在至高无上的位置，这对于一家保险企业来说是至关重要的。

西方将信用管理称作"最能使企业产生直接效益的管理措施"。作为企业立足于市场的通行证，诚信铸就了企业的核心竞争力。企业是资源的集合，企业的资源一旦有了稀缺性且难以模仿，也就有了核心竞争力。

在当今的经济环境下，企业之间的竞争已非单纯的产品竞争，取而代之的是品牌、信誉这些无形资产的竞争。而友邦之所以能够在寿险品类中脱颖而出，就是因为它用诚信为自己树立起了别人无法比拟的金字招牌。

第八章 友邦品牌，健康、长久、好生活

友邦在进行市场攻坚的过程中，用诚信来"感动客户"成为它区别于竞争对手、最终获得更多市场份额的利器。而我们看到的是，时间越久远，社会对于友邦这种诚信经营就越认可。

2009年12月23日，友邦保险凭借多年积攒的社会美誉度和品牌承诺，获得了2009年度网络盛典保险类最高奖项"最值得信赖的保险公司"大奖。而在此之前的两天，在第二届北京保险行业"金保单"年度评选中，友邦北京分公司在众多参选保险公司中脱颖而出，荣获"2009年度最受信赖保险企业"奖并蝉联"2009年度综合实力十强人寿保险企业"奖。

在保险行业的颁奖礼上，友邦一直都是常客。这一方面与其不断增强的综合实力有关，另一方面则与其"信守诺言"的品牌定位有关。一家企业如果只想着如何赚钱，那通过正确的方法，它可能会发展为一家规模很大的企业。但如果一家企业想要长久稳定地扩大经营规模，持续获得经济利润，那它就需要打造好自身的品牌信誉。只有始终信守对客户承诺的企业，才能持续获得客户的认可与支持。

2013年下半年，友邦保险推出了"真生活，真伙伴"的全新品牌定位，在企业品牌信誉建设方面又向前迈出一步。"真生活，真伙伴"这一全新的品牌定位传递的正是友邦全新的品牌承诺。从1919年开始，友邦伴随着中国人民一路走过百年时光，一起经历了烽火战乱的洗礼，以及沧海桑田的变迁，中国人民的生活一天一天好了起来，友邦也一天天发展壮大起来。

友邦保险的主要功能便是为客户提供周到全面的保障，在客户人生发展的每一个阶段，友邦都会一路相伴。当客户在面临生老病死、就医求学、安享晚年等情境，需要友邦保险及时兑现承诺时，友邦会根据客户的不同情况，为客户提供全人生阶段的解决方案，这正是"真伙伴"的意义所在。

与那些有形商品不同，保险更多的是体现一种契约精神，对于保险公司而言，信誉是其立业之本。"信守承诺，快速为客户提供理赔服务"始终是友邦保险的办事宗旨。信守承诺，为客户快速办理理赔服务，不断提升客户

服务体验，是友邦的不变追求。

2017年，中共中央、国务院印发了《"健康中国2030"规划纲要》，健康话题一时间成为社会热议的焦点。与此同时，友邦中国推出了"健康长久好生活"的全新品牌承诺，在升级自身角色定位的同时，以一种全新方式参与到大众健康生活的管理之中，帮助大众开启健康长久好生活。

新的品牌承诺依然秉持着"以客户为中心"的价值理念，坚守"信誉第一"的品质发展之路。友邦中国将会通过卓越团队与产品打造品质服务，提升客户满意度及品牌信任度，继续朝着成为"中国最受信赖的保险公司"这一目标而不懈努力。

第八章　友邦品牌，健康、长久、好生活

携手贝克汉姆，共话健康长久好生活

在不断推出新的保险业务的同时，友邦也开始加快了品牌拓展的步伐。从 2013 年开始，友邦与英格兰足球超级联赛球队托特纳姆热刺足球会（热刺）达成协议，友邦将成为热刺 2013/2014 季度杯赛球衣赞助商。而在 2014 年，友邦又与热刺签署了五年的重要伙伴协议。

体育运动是帮助人们获得健康生活的重要手段，友邦选择与热刺展开合作，主要目标是通过足球让体育运动融入人们的生活，而通过对热刺的支持，友邦"真生活，真伙伴"的品牌定位也得到了强化。

友邦借助与热刺队的合作伙伴关系，在助力中国实现"足球梦"方面，开展了许多积极尝试。2014 年 5 月 29 日，友邦宣布赞助大型足球文化交流活动"足球梦"。作为一项青少年足球文化交流推广活动，"足球梦"旨在推广足球文化，普及足球运动，为更多热爱足球运动的青少年们搭建一个实现梦想的平台。

2014 年 9 月，友邦中国携手中国青少年发展基金会、托特纳姆热刺俱乐部推出友邦中国青少年足球发展项目，致力于提升中国青少年足球基础，助青少年圆足球之梦。这一项目在 2015 年 6 月正式开展，许多来自江苏、广州、北京的大学志愿者深入乡村，为农村孩子们带去了专业的足球教育方法和技巧指导。

此后每一年，友邦中国都会开展青少年足球发展项目，越来越多的希望小学的孩子们参与到这一项目中，实现了自己的足球梦想。

谈及扶持中国足球发展这一举措时，当时的友邦集团区域首席执行官蔡强曾说："我们相信足球不仅能教导青少年健康生活的价值，更能告诉他们什么是团队合作和坚持的精神，这些认知不仅能在球场上帮助他们，更能在足球以外的真实生活中让他们获益。为此，友邦中国还将持续致力于中国青少年足球的发展，让更多青少年体验足球的魅力。"

可以看出，友邦中国热心公益的种种举动，正是其品牌价值主张的具体表现。为了更好地向广大客户传递友邦"健康长久好生活"的品牌价值理念，在2017年3月23日，友邦中国在发布首个面向中国市场的个人移动健康管理平台——"健康友行"，同时，正式宣布大卫·贝克汉姆成为友邦保险全球大使。

大卫·贝克汉姆作为世界顶级足球明星，其出色的足球技巧和幸福的家庭受到了广泛赞誉，其个人注重日常健康生活，始终坚持良好生活习惯的品质正是友邦中国所倡导的。

对于加入友邦大家庭，贝克汉姆表示："我很高兴加入友邦保险这个大家庭，我很容易就做出了这个决定，因为我一直深信健康及保持良好生活习惯的重要性，我与友邦保险有着共同的理念，鼓励大家掌管自己的健康。"

2017年9月15日，友邦保险与贝克汉姆正式展开合作，推出了"秀出你的理由"重要推广活动。

对于这一活动，友邦保险集团首席市场总监施斌升表示："我们很高兴透过'秀出你的理由'推广活动正式展开与大卫·贝克汉姆的合作，借此强调大众希望活出健康人生的种种理由。本次活动同时也展示友邦保险的强大决心，致力于与亚太区内18个市场的客户并肩努力，迈向更健康的人生。"

而对于贝克汉姆来说，参与到这一活动中，更多的是希望能够借此引起那些追求健康生活的人士的共鸣。他表示："我很感恩在我的人生当中，我的事业让我保持强健的体魄。很多人的生活都很忙碌，我希望有简易的方法帮助大家保持活跃和健康。"

很显然，贝克汉姆身上所具有的那种对健康美好生活的追求，以及对良好生活习惯的保持是友邦选择他的重要原因。这也可以看作友邦把"健康长久好生活"的品牌承诺带给更多家庭的重要举措，友邦希望通过与贝克汉姆的合作，推动大众生活方式的积极改变，向更多家庭传递健康的生活理念。

2018年9月22日，贝克汉姆来到北京，参加了一场特殊的"儿童记者会"。这一天，贝克汉姆与26名来自全国各地的"健康'友'行小记者"一同登上长城，在欣赏美丽风光的同时，贝克汉姆还现身说法向小记者们分享了自己如何在生活细节中培养健康积极的生活方式。

对于此次活动，贝克汉姆坦言："我乐在其中，健康生活对我来说是一个非常重要的生活主题，因为作为父母，我总是在尽全力鼓励我的孩子们关心自己的健康，重视家庭的幸福快乐。"这些正是贝克汉姆在活动中向小记者们传授的健康秘诀。

对于贝克汉姆中国行，友邦中国首席业务执行官张晓宇表示："友邦中国始终保持着对大众健康的关注，同时也期待有更多人能和我们一起携手共创健康保障事业。我们希望通过此次贝克汉姆中国行，呼吁大众关注家庭，不仅要重视全家人的身体健康，也要共度更多和谐美好的家庭时光。"

2019年，友邦保险迎来百年华诞，在这一年，友邦成功在天津和石家庄成立了营销部。作为友邦保险全球大使，贝克汉姆也在第一时间来到中国，与友邦分公司天津和石家庄分公司的卓越营销员们展开了互动交流，分享了自己对健康生活的独到见解。

作为一名优秀的职业运动员，贝克汉姆认为想要达到"健康长久好生活"这一目标，一定要充分发挥运动所能起到的重要作用，同时还需要注意日常饮食起居习惯的养成。他认为自己对良好生活习惯的追求，与友邦鼓励人们坚持长久健康的主张是不谋而合的，这正是这些年来其始终与友邦走在一起的一个重要原因。

转眼间，友邦与贝克汉姆已经合作走过了三个年头，在这三年时间里，贝克汉姆发挥着自己的意见领袖作用，将友邦"健康长久好生活"的品牌主张传递给了全世界更多的人。也是在这三年时间里，友邦在时刻践行"健康长久好生活"主张的同时,还创造性地提出了"全程健康'友'保障"的客户价值主张。

在这一客户价值主张之下,友邦将"健康保险"和"健康管理"整合到一起,致力于为客户提供"每日健康管理、多重保障计划、护航疾病康复"三位一体的全方位立体式健康生活保障。

走过百年,友邦发生了许多变化,但其服务客户、为客户提供健康保障的企业价值文化却从未改变。在新的时代,通过与健康偶像贝克汉姆合作,友邦将会继续发力健康领域,为客户的"健康长久好生活"提供更好的解决方案。

第九章

友邦的企业文化

"百年友邦，每一刻，为更好。"友邦保险如是说。这句话的对象不仅仅是客户，更是每一位友邦人，让客户和员工掌握平衡人生，开启健康长久好生活，是友邦的企业文化。所以，一百年来，友邦全心守护客户的每一刻；一百年来，友邦始终为员工打造成长和发展的平台，成就他们的职业梦想，成就他们的积极人生。

第九章　友邦的企业文化

培养青年榜样

什么是保险企业的精髓？有的人说是保费，有的人说是贡献。可是，说保费的太现实，说贡献的太缥缈。那保险企业的精髓到底是什么呢？我们一起来看看友邦的答案。

在友邦看来，保险企业的精髓是共同愿景，而这个共同愿景也很简单——对客户负责，做到服务至上，做到诚信友善；对股东负责，做到稳定回报，做到资产保值增值；对社会负责，对中国负责，做到用切实行动回馈社会，回馈中国。

这个愿景是朴实的，也是美好的，无数友邦人都在为这份共同的愿景而努力着。而友邦选择这样的企业愿景，也是与它特殊的身份息息相关的。

2004年，友邦北京分公司总经理徐水俊对友邦的企业文化做了这样的解读：

友邦的目标是"培养青年好榜样"，提出的要求是"积极、主动与创新"。友邦人的共识是"树立保险新形象，塑造诚信优质的服务文化，成为最好的保险公司"。

根据这样的整体企业文化，我们又可以把友邦文化细分为两个部分，即经营文化与社会文化。

我们先看友邦的经营文化。俗话说，"火车跑得快，全凭车头带"。对于友邦的经营文化，友邦上海分公司执行业务总监孙海峰是有发言权的。在他看来，只要选择友邦并愿意为友邦事业奋斗的人，那就是他的家人。当家人遇到困难时，公司上下更要团结一致解决困难。

走进友邦

1995年6月,友邦的一位女主管因车祸去世了。

孙海峰得到消息后。迅速通知公司,让所有主管都到去世的女主管家里帮忙料理后事。当时,大家在孙海峰的带领下拿钱的拿钱,出力的出力,让整件事情得以有条不紊地进行。

友邦女主管因意外去世,友邦公司拿出了11万的赔偿款,公司上下还募捐了将近5万元,其中,孙海峰一人就拿出了1万元。

当时,孙海峰只是想为这个兢兢业业的员工做点什么,想为这个失去女儿、失去支柱的家庭做些什么。接下来事情的发展却大大出乎孙海峰意料。

在看到公司的经营文化后,所有主管都下定决心要为公司赴汤蹈火。公司像家人一样对待员工,员工自然也会像对家庭负责一样对公司负责。

就这样,孙海峰的团队连续取得了十个月的冠军,这就是经营文化的力量。

友邦,一个结合了美式管理与中式文化的公司。美式管理无疑是讲求商业文化的,所以友邦也格外注重实际,注重效率;中国式文化更讲究以人为本,而友邦则采用重视人本的方式提高效率,这是非常特殊且先进的。

了解友邦的经营文化后,我们再看看友邦的社会文化。

友邦对中国社会最大的回馈不是给中国福利事业捐助的钱款,也不是为中国买下流失海外的文物,而是它在精算方面培育良才。

作为一种对风险识别、分析和预测的工作,精算是保险专业化发展的重要基础。在改革开放以前,由于中国保险业发展基本处于停滞状态,中国的精算人才也逐渐流失。改革开放以后,由于一些涉外业务需要精算师签署相关报告,精算师的重要性开始凸显出来。

1983年,刚刚恢复国内保险业务的中国人民保险公司派遣学员去学习精算实务,他们选定的目的地正是友邦保险公司香港总部。在友邦保险公司总精算师李达安的带领下,经过半年的精算实务学习,当时还是学员的万峰将自己的学习资料整理成《寿险基础数理》一书。这本书在当时成为国内第一本精算启蒙教材，推动了精算技术在中国的传播。

友邦对中国精算行业的主要贡献，更多体现在其来到中国后与国内多所大学合办的精算中心上。通过精算中心，友邦为中国培养了一批又一批的精算人才，这些精算人才中有很多人成为友邦的中流砥柱，更多人成为精算行业及其他行业或领域中的佼佼者。

1994年秋，友邦保险与复旦大学共同成立了友邦—复旦精算中心。在当时，精算中心主要面向上海市各个高校的学生，讲授北美精算学会（SOA）的课程。

作为国内首创的校企合作精算教育中心，友邦—复旦精算中心为国内培养了众多精算人才，同时这里也是北美精算师考试的上海考试中心。

精算作为一项非常注重专业知识的职业，通常需要通过资格考试的方式来认定精算师的从业资格。国际上较为著名的精算师学会主要有北美精算学会、英国精算学会、日本精算学会和澳大利亚精算学会。不同的精算学会拥有不同的资格认证和考试流程，其中，北美精算学会被认为是最具代表性和权威性，也是规模最大的精算师组织。

友邦—复旦精算中心主要培训的就是北美精算学会的课程，课程开办至今，精算中心所培训的SOA考试通过率始终保持在80%以上，而这项考试的全世界平均通过率仅为40%左右。在开展培训课程的同时，友邦—复旦精算中心还与国际国内多家精算组织和保险公司保持着良好的合作关系。

在友邦—复旦精算中心后，友邦又同中国科技大学、中山大学、北京大学和南京大学先后建立了四所精算中心。继续与国内著名高校合作创办精算中心，友邦的目的很明显，那就是为中国保险业培养更多的本地精算人才。而从另一个层面来讲，友邦精算中心的成立，也丰富了中国风险管理和精算教育的理论与实践，推动了中国精算事业的发展。

精算师是保险公司中的重要角色，在很多时候，甚至会成为一家保险公

司的核心。他们除了需要为保险产品进行定价外，还需要做好计提责任准备金的工作，这样才能保证保险公司的正常运转。

按照国际经验，想要培养一名合格的精算师，通常需要花费 7 到 8 年的时间，这还不包括搭建基础设施、寻找合适教师资源的时间。20 世纪 90 年代的中国，保险业刚刚走出一穷二白的困境，培养精算师的工作更是举步维艰。

由于深耕保险业务多年，友邦保险拥有完备的精算师培养体系，通过对接北美精算协会，友邦与国内著名高校合作创办精算中心，不仅能够解决自身对精算师人才的需求，还可以提高中国保险行业的整体水平，营造更为专业的保险市场环境。

这些正是友邦在国内开办精算中心的主要考量，从回到中国那一刻起，友邦就想在中国卖好保险，首先要建立一个好的保险市场环境。对于还没有形成完整市场的中国来说，友邦必须从搭建基础设施做起，无论是传播国际保险理念，还是培养精算人才，都需要友邦一点一点去耕耘。

经过友邦的多年努力，友邦的精算中心取得了丰硕成果。

到 2006 年 9 月底，中国获得北美精算师资格的人已经有 76 位，其中有 52 人曾是友邦精算中心的学员。可见，友邦开展的这种校企合作创办精算中心，培养高素质保险人才的模式已经相当成熟和成功了。友邦培养的这些精算师，大多都成为保险企业的骨干。例如，友邦中国 CEO 张晓宇，2000 年加入友邦保险，2002 年成为中国最年轻的北美精算师，此后，出任友邦中国多个不同的高级管理职务，包括精算、营销渠道及市场营销。

根据中国银保监会的统计数据显示，到 2018 年 4 月底，我国的精算师一共有 3872 人，其中有 3282 人就职于保险公司。显然，我国保险精算行业的从业人数是明显不足的，伴随着我国保险行业的全面开放，更多保险公司的涌入必然增加对精算人才的需求。

除了保险领域外，大数据、人工智能、养老医疗等方面也有精算的需求。因此，我国依然需要大力推动精算行业的发展，友邦保险将一如既往地通过与国内外保险公司及高校合作，培养出更多的类似张晓宇一样的青年好榜样。

走进友邦

一流培训体系只为追求卓越

友邦保险的企业特点就是：正派经营、财务稳健，有足够的专业人员，有足够的经验，以诚信作为企业文化。简单点说，就是"保险代理人人品要好，素质要高，经验要足，而且保单的质量要好"。

在这种战略特点的作用下，友邦自然形成了一套独特且优质的培训文化。而优质的培训文化，也势必衍生出一流的培训方式。

当时，跟随友邦进入中国市场的外资保险公司，绝大部分会采用"挖墙角"的方式寻找人才。

某保险公司内。

"季姐，你这样就不对了吧，"一位资深业务经理在大厅里嚷道，"你这么做考虑过公司的感受吗？考虑过跟你一起并肩作战的同事们的感受吗？"

原来，这位叫季姐的是该公司的资深业务经理，可是，她却突然把手下所有的业务员拉到了另一家公司。

面对昔日同事的指责，季姐冷笑一声说道："大家都是打工的，哪儿给的条件好就去哪儿，这是理所应当的，少用道德绑架我。"

同事被怼得语塞，只好愤愤地看着季姐收拾东西，目送她趾高气扬地离开了。

这种情况不仅出现在本地的各保险公司，而且还广泛地出现在友邦保险公司中。当时，有不少业绩优秀的代理人接到了其他保险公司或猎头公司的"挖人"邀请。但是，大多数友邦代理人都选择了拒绝这份"邀请"。因为稍微有点头脑的人都会看到，友邦是业界的佼佼者。且不说国内保险公司纷纷向友邦取经，就是那些跟友邦前后脚进入中国市场的外资保险公司，也都想派人从友邦身上挖到点经验。所以，友邦的业务员很少被"挖"到其他公司，但想从友邦"挖"走人才的保险公司数不胜数。

不过，友邦却从未这样做。在招聘人才时，如果对方已经从其他保险公司辞职，自主自愿地选择到友邦发展，那友邦一定会诚挚地欢迎。但如果想从友邦"挖人"，或期待友邦去其他公司"猎头"，那他们就打错如意算盘了。

在友邦看来，到别的公司"挖人"的确能迅速掌握对手企业的营销资源及经验，也可以快速适应国内市场，挖来的人却很有可能不适应本企业的文化与模式，从而让企业出现经营方面的偏差。

而且，友邦在"挖人"方面有着清醒的认识：这是一种伤害同行的恶性行为，且这些被利益收买的人不会对公司负责，一个不会对公司负责的人势必不会对客户负责。如果他们面临更大诱惑，就有可能在关键时刻背叛公司，让公司蒙受巨大损失。

所以，友邦在当初进入保险市场时就当众承诺——绝不"挖角"。

这是友邦对行业负责的表现，也是他们对自己经营模式的自信。所以，友邦对人才的态度一向是"儿子是自己的好，人才也是自己培养的好"。所以，他们把培训的重点放在了没有保险经验但学历相对较高的人员身上。友邦保险的营销员中，其中有大专学历的约占25%，有本科学历的约占60%，有硕士学历的约占13%。高学历员工的综合素质较高，加之没有保险经验，他们没有先入为主的概念，反而更容易接受友邦的文化与理念。

友邦针对这些员工的特点，有针对性进行培训。

友邦在人才培养的理念上一直坚持两大"政策"——"系统、持续的学用互动培养方式"和"术德兼修、德字为先的培训理念"。

友邦非常注重对新员工的品德素质教育。在友邦文化中，一个简单的"德"字是要同时包含"爱心""责任心"和"使命感"的。友邦希望培养出来的人才不仅要懂推销保险，他们还要有责任心和爱心，要为客户选择最合适的保险，要有"有情有义，有诚有信"的使命感。

除此之外，友邦的培训还有一大特色，那就是新员工在入职后，第一堂课一定是由培训部高管亲自来上的。在这堂课上，培训部高管不会给新员工传授销售保险的技巧，只会给员工讲解企业文化，教给他们正确的从业理念。

培训部高管会反复培养新人的责任感与爱心，并宣导"保险、事业、成功"的课题。培训部高管会鼓励代理人将保险作为一项终身事业。业绩不行可以慢慢提高，经验不足可以慢慢培养，但关于"德"的文化一定要严抓，这样才能让友邦代理人"有德乃馨"。

友邦会采用互学互动的方式对人才进行培训，先由培训部为新入职的员工系统地讲解理论课程与业务课程，再使用交互式轮岗培训，让员工全面了解公司的产品及文化，迅速进入营销员的角色。完成这一阶段的课程后，新员工就可以出去展业了。

当然，培训还没有结束。因为在展业过程中，保险业务主管会继续给新员工培训上课，这种课程在友邦被称作"新员工衔接课程"。友邦选择业务主管来授课，是为了让新员工分享主管的经验，了解更多的推销技巧。而且，新员工还可以在上课过程中提出展业时碰到的问题，并跟主管了解更多的公司产品的优势。

从授课到展业结束，新员工的培训时长大概要六个月。友邦做的这些都是希望通过培训将新员工培养成卓越的营销员，保证他们的专业能力和生产能力，建立起一支高质量、精英化的团队。

友邦的培训不仅体现在上课中，也体现在日常工作的方方面面。友邦会组织新员工们外出旅游团建，并在团建的过程中进行集体学习。通过这样的鼓励，新员工的展业可以顺利实现，各方面的能力也能获得迅速提升。

一套优质的培训体系对企业的运营和发展至关重要，而友邦的培训体系在业内有"专家体系"之称。友邦员工从公司的培训体系受益良多，有人称经过这些培训基本上就是上了一个MBA（工商管理硕士）。

友邦培训体系中，员工通过了严格的筛选标准、考核晋级标准，可入选到培养卓越营销员的培训，公司会提供一流的培训课程、其中包括专属定制的领导力培训、以招募为重点的营销主管培训发展课程，并为他们提供持续学习的奖金，以及支持他们优质招募的平台和工具。此外，还有升级的培育卓越主管和孵化保险企业家的培训。它们的共同特征都是为友邦的精英提供可预期、可规划、可培育的成功路径。

在这样的培训体制下，相信友邦的整体业务也会更上一层楼。

让奋斗者获得晋升阶梯

因为在留用和培养人才方面，友邦走在行业的前列。

前面已经提到，在选拔人才时，友邦会把重点放在没有接触过保险行业的精英人群上。在这个基础上，友邦会充分尊重每一位人才的特质，让他们在大文化框架下自由发展，获得晋升的机会。正是这种独特的人才制度，才让友邦成为保险行业人才的摇篮。

提到积木，想必大家都很熟悉。因为几乎每个人小时候都玩过积木，即使我们自己没有玩过，也会给我们孩子、孙子购买积木。积木是有无数形态的，尤其是乐高积木，它能在孩子们的双手中展现出无数迷人的形态。

而友邦就从这种有趣的拼接组合中获得了启迪，并且决定斥巨资打造专属于自己的"乐高理念"，这个乐高理念直接的衍生品就是"AIA Leadership Centre（AIA 领导力中心）"，它也是第一个专门面向亚太地区高级管理人员及精英保险营销员的培训基地。

"AIA 领导力中心"是一个 3100 平方米的培训中心。为什么说这个培训中心与众不同呢？因为这里除了标配的黑板外，还有沙发、沙袋和自由拼接的桌椅。受训者可以选择任何桌椅，也可以享受安静的私人空间。

为此，黄经辉自豪地表示："我们始终致力于招募、留存及培养最优秀的人才。友邦的愿景及目标将会在这些人才的努力下得以实现。"

是的，在培养和留存人才方面，友邦展现了极其丰富的想象力。为了更好地回馈人才，友邦还专门打造了人才流动的"闭环"。

"这个回馈本身首先就是要保证人才是向上流动的。比如让他去另外一个市场，给他一个更好的位置，肩负起更大的责任，这是友邦人才流动的一个原则。"黄经辉说道，"我们有一套完整的人才控制和开发系统，可以让人才在集团内部升职，而不是被竞争对手挖走。这也反向迫使各个市场的CEO，甚至是CEO的下属，随时都得思考'谁来接我的位置'这一问题。一个人一旦成熟到可以被升职，下面的人马上就可以升上来。而一个成熟的人才被调整到另外一个国家或市场担任更加重要的职务时，不仅是去新的市场做出更大的贡献，同时还能在学习到更多的知识之后，再回馈人才输出国。如此一来就形成了一个良性的闭环。"

黄经辉做出这样的发言是有依据的，毕竟友邦是一个在亚太地区的18个拥有分支机构的市场的大集团，所以，它能为人才提供的上升空间很大，也能把内部培养的人才支援到友邦集团其他的国际市场中，这种人才"闭环"也让友邦人非常安心。

正是有此种种，黄经辉才敢在这个人才争夺激烈的时代放话——在友邦看来，留住人才并不是一件很困难的事情。友邦各地公司的掌门人都如黄经辉一样，会给人才参与公司决策的机会，会赋予人才一定的挑战。在人才完成挑战后，公司会给他们一个很好的回馈与奖励。

与业内大部分保险公司一样，友邦的个人营销制度采用的也是佣金制。因为佣金制能明确每个营销员的发展轨迹，也能相对公平地让员工享受自己应该获得的福利待遇。佣金制能充分体现按劳分配的原则，所以，友邦的晋升制度也是与佣金制挂钩的。

友邦成立的时间早，其佣金制发展比较完善，所以，友邦保险营销员的收入也形成了较为完备的体系。友邦保险营销员的收入主要来源于两大块：销售牌照收入和招募牌照收入。销售牌照收入包括保单首年佣金、续期佣金、奖金、长期服务奖金、临时激励、其他奖励（家电、免费旅游

等）。招募牌照收入，主要是指团队管理津贴。

与传统的管理人员选拔方式不同，友邦采用的晋升制度主要是"血缘模式"。所谓"血缘模式"，就是增员与被增员之间有稳固的引荐关系及利益关系。友邦会针对这种关系，设计和制定相应的激励方式——包括晋升和结构关系等——并以此来达到科学管理的目的。

友邦保险营销员的晋升考核，完全是以个人和团队的形式为标准的。也就是说，只要代理人本人不断增加团队人员，不断提升保险业绩，就能实现快速的事业晋升。

下面我们来看一下友邦保险公司的晋升层次。

营销员晋升助理业务经理，助理业务经理晋升业务经理，业务经理晋升资深业务经理，资深业务经理晋升业务处经理，业务处经理晋升资深业务处经理，资深业务处经理晋升业务总监，业务总监晋升资深业务总监，资深业务总监晋升为执行业务总监，执行业务总监晋升为区域业务总监。

这种晋升架构赋予了保险营销员们广阔的成长空间，也成为各大保险公司争相效仿的对象。由于引荐关系能最大程度地避免公司内耗，所以，友邦一直采用这种模式作为晋升基础。

"血缘模式"下的晋升条件能让友邦各级主管和所管辖的团队统一利益关系，这样更团结，更方便统一指挥。

当然，保险业对营销员和各级主管的考核与奖励方法是纷繁复杂的。一般来说，级别越高的人员其收入也会越高。在友邦，大部分高级别主管的年收入都能达到上百万，一些高级主管的年收入甚至能超过千万。所以，这些高级主管都愿意尽自己最大的努力回馈公司，为友邦培养后续人才。各个小组吸引的人才，其带来的收益也是与主管的奖金直接挂钩的。

但是，友邦对营销员和主管也有严格的晋升管理制度和考核标准。一般来说，友邦对营销员的考核要素为时间、（新）开单数、（新）保费总额；对主管的考核要素为时间、直接管理业务人员数量、个人（新）保单、个人

（新）保费总额、所管辖团队的（新）保单总额、所管辖团队的（新）保费总额、直属下层团队中次级主管的数量、所管辖团队的总人数。

这样的考核标准是为了让每个友邦人都渴望留在公司，为个人和公司的未来发展做出努力。在这样奖励与考核并行的环境下，友邦营销员才能真正获得成长和发展。

共同成长的双赢模式

1992年友邦重返中国市场，为中国保险行业带来了先进的国际保险实务经验，同时为中国保险行业培育了一批又一批优秀的营销员，这些优秀的营销员有的留在友邦通过层层选拔进入了管理岗位，有的则选择自我创业依然在保险行业努力拼搏，有的则选择加入了其他保险公司。

每一位优秀的营销员都有自己的职业发展规划，友邦并不会限制营销员们的自我发展。在友邦接受严格全面的业务培训后，大多数人依然会留在友邦，因为这里有出色的培训体系和完善的晋升渠道。

来到友邦的营销员，不论之前曾做过什么工作，担任过哪些职位，在友邦都要从基层的营销员做起。在当时，友邦的营销员既有创业公司的老总，也有海外留学归国的硕士博士。这些人无一例外都要从基层做起，都要经历严格的培训和业务考核。

在经过一系列严格的考核后，剩下来的这部分营销员将会沿着友邦成熟的发展晋升渠道不断向上走。在友邦做到业务经理时，大多数人会选择继续在友邦寻求更好的发展，也有的人会选择跳槽到其他保险公司。这些从业务经理职级跳槽的营销员，到了别的保险公司一般都可以做到资深业务经理。

在最初回到中国发展的一段时期，友邦对营销员的要求确实比较严格，这种给予员工足够高的薪资、同时也让他们负担着一定压力的情况，在华为公司中也曾经出现过。这并不能说是一种足够好的人才战略，但在企业发展的特殊时期，确实能为企业带来足够的发展动力。正是最初一代营销员们的奋力拼搏，友邦才在中国保险市场站稳了脚跟，并一步步发展到今天。

在友邦中国的发展历程中，特别是自2010年港交所上市以来，经历了重新定义运营策略、公司架构重组等变革，一些员工产生害怕利益受损的本能反应，其他保险公司抓住这个时机，开始大举挖角。然而，在"内忧外患"中，友邦没有放弃员工，员工也没有抛弃友邦。友邦在整个保险市场保费下降的情况下，业绩依然强劲增长，员工收入也十分可观。同时，友邦员工的离职率也远低于市场平均水平，敬业员工占比更是达到50%，高出整个保险市场平均敬业度近十倍。

最终，这些变革得到了所有员工的理解和认同，每个人的积极性都被激活了，大家都愿意为公司赚钱，为自己赚钱，与公司共同发展。最终，友邦员工的士气不仅没有受影响，而且随着拿到的薪酬增加了，工作更有成就感，对公司的认可也提高了很多。

对于友邦的用人哲学，友邦中国首席执行官张晓宇曾说："友邦的哲学叫作'做对事、行对路、用对人'，我们希望在价值观一致的基础上，员工、事业和公司，都可以一起成长。"张晓宇认为友邦人才的流动是一种正常现象，友邦并不会用"绳索"将优秀人才捆绑住，真正留住优秀人才的是友邦的"价值观"。

在他看来，选择一家公司来开始自己的职业生涯，价值观契合是非常重要的。以他自己的亲身经历来看，作为一名精算师，他最看重的是友邦固守保险本源的企业价值观。"保险就是保障"，这是百年来友邦一直坚守的核心价值观，以为客户提供安全可靠的保障作为业务发展的重心，这是友邦最为吸引张晓宇的地方。

作为从友邦人才培养体系中走出来的精英，已经成长为友邦中国区 CEO 的张晓宇越发认可价值观对企业发展的重要作用。在他看来，公司的价值观决定着一线员工对自身所处行业、所干工作的价值认定，这会让他们在服务客户时更有信心，也更有责任心。

如果友邦是一家只认经济效益的公司，那它大可以不断扩张营销员队伍，实行人海战术，获取规模效益。不得不说，对于保险行业来说，人海战术是很有诱惑力的。通过人海战术可以迅速抢占市场份额，拉升保费，提升行业排名，从短期来看，这一策略对保险企业发展是有很大价值的。但如果将目光放长远，就会发现这种策略不仅无益于营销员自身的成长，更无益于保险行业的发展。

正是出于这种远见，友邦在营销员培养和管理方面，早早便舍弃了人海战术，这让友邦在当时的市场份额受到了一定影响，却为友邦的核心业务能力发展打下了坚实基础。自那时起，友邦便开始了卓越营销员培养计划，从1.0到3.0，友邦已经探索出一套系统完整的营销员成长管理理念。

友邦保险首席执行官兼总裁黄经辉曾多次谈道："在衡量业务指标的时候，我们更多关注质而不是量，对利润的衡量也是从产品或业务的品质上去考察的。"在他看来，企业利润固然重要，但为客户提供保障更是保险企业的职责所在，正是基于这种考量，友邦才需要更为卓越、也更为专业的营销员。

黄经辉说："不论是企业年报的发布，还是其他相关信息的披露，我们从来不会公布营销员的数量，因为这不是我们关心的重点。友邦不会为了业绩而去增员，也不会单纯为了增员而增员，这与友邦的业务指标考量和产品策略是一致的。"

在黄经辉看来，只要友邦招聘进来一个保险营销员，那友邦就会对他负责到底，不仅要确保他能够获得很好的收入，同时还要帮助他在保险行业中建立长远的事业目标。这正是友邦人才战略的落脚点：让保险营销员赚到足够的钱，让他们更好地去服务客户，让他们更长远地服务公司，最终实现公司与个人共赢。

对于友邦保险的人才策略，黄经辉指出，人才永远是第一位的，友邦对人才培养的关注一定是高于公司其他模块的，再好的战略战术都需要人去执行，保险营销员就是保险行业中最重要的部分。所以在这方面，友邦会始终坚持把守住"质"这一底线，以优质人才吸引优质人才，最终实现人才的集聚效应。

在保险行业中，人才流动是必然现象，友邦不需要从别家公司挖墙脚，也不惧别人来挖墙脚，这是因为友邦在文化建设、个人培养和业绩表现等多方面在业界都名列前茅，并且把员工的成长作为公司发展的动力，对每位员工的"钱"途和前途都提供竭尽所能的支持，所以有十足的底气。友邦始终关注营销员的个人发展，充分了解员工的成长需求，把工作机会和晋升机会一直都开放给所有的员工，一批快速成长起来的优秀员工已经进入友邦的核心领导班子。在共同成长、追求卓越的道路上，友邦成功实现了企业与员工的双赢发展。

提供易成功的创业平台

友邦保险一直以来，将员工视作最重要的资产，始终为他们打造成长和发展的平台，致力于打造容易成功的创业平台。友邦保险凭借高效领导、成功变革、绩效薪酬、高敬业度、工作环境等方面的出色表现，连续多年被全球权威机构评选为"杰出雇主"，并于2015年荣膺"最佳雇主"称号。

友邦保险走过一百年后，在新的百年开端着力为员工的职业发展提供坚实的平台支持，使员工能在一个创新活力、锐意进取的环境中工作，不断挑战自我，创造不同的惊喜，创造出属于自己的成功。为此，友邦的管理者致力于授权赋能，以此来激发员工积极性，使员工能够主导自身职业发展，使员工有机会与受人尊敬的行业领导者共事，获得他们的指导与培养，大家共同迈向成功。

未来，保险理念大普及，保险需求大爆发，保险政策进一步开放，加入保险行业可能是很多人改变命运获得成功人生的绝佳机会。在过去的十多年，什么行业最赚钱，相信很多人都知道是房地产。房地产行业在过去十多年中，造就了一大批身家数亿的富豪，而且即便是普通人粘上这个行业的边，都或多或少比在其他行业赚到的钱更多。这是为什么呢？是因为之前的国家政策在推动这个行业发展，房地产市场化、房贷利率打折等促进了房地产行业的快速繁荣。

一个行业未来发展的好与坏，都要寻找风向标——国家是否扶持，国家支持的行业就会获得很好的发展机遇。2014年8月，国务院发布《关于加快现代保险服务业的若干意见》，2018年我国继续深化改革开放，保险行业扩大开放的政策不断落地，从2020年1月1日起，我国将取消外资寿险公司持股比例限制，这一适宜的政策土壤，为外资寿险企业深耕国内市场创造了便利条件。保险行业政策利好的不断出现，也使得我国保险业发展进入了钻石期。

我国经济数年的高速发展，让老百姓的收入不断增加，购买力持续增强。据国家统计局2020年数据显示，我国人均GDP突破了1万美元。人均GDP达到1万美元是发达国家寿险发展进入快车道的一个标志性节点，这也就意味着我国的寿险发展将进入爆发式增长。

随着我国经济持续增长、老百姓购买保险意识的不断增强，中国在未来10年至15年内将成为全球最大的保险市场。保险行业的潜力无限，市场广阔，未来可期。

这些也得到了相关数据的验证。2015到2020年，仅仅五年时间，我国的保费规模已经翻了一番，增速之快远超其他行业。近几年，保险行业的整体增长率在20%左右，而友邦的增长率超过50%，友邦的业绩成长了14.2倍。友邦为什么能一路领先呢？这是因为友邦保险的实力非常雄厚，它的偿付能力全球排名第一，有足够的现金流来赔付，2015-2019年友邦赔付的总额为57亿，惠及客户65万人，而友邦的理赔时间平均时长为1.5天，这些都体现了它作为保险公司的价值。

保险行业迎来了钻石期，友邦也创造机会让员工抓住这个好的机遇，不断招募优质人才，打造精英化、专业化、信息化的高素质营销员，持续为客户提供高品质服务，并且通过培植优秀员工，助力他们迅速组建自己团队，成就他们的保险创业梦！

薛女士毕业于清华大学，曾经是一名有十几年经验的水处理高级工程师，她希望找到能兼顾家庭，又能实现获得成功实现自我价值的工作。保险营销员工作时间自由，行业潜力巨大，这比较适合她；友邦保险诚实守信、追求卓越、以人为本的企业文化，百年企业的特质和精英化团队最终吸引了她的加入。

薛女士加入友邦保险后，第一个月就承保了 38 个保单，达标 MDRT（百万圆桌会议），并且刷新了新人的销售纪录。此后，她为约 200 个家庭提供了保险服务，6 次达成 MDRT，其中两次超级会员、一次顶级会员。她自己在友邦实现了自我价值，同时又赢得了客户和同事的尊重。但是，她不满足于顺风顺水的销售员工作，想实现自我突破创造出更大的价值，公司对于她的想法给予积极的支持，经过培训和学习，她开始组建营销员团队。

薛女士在组建团队时一直坚持友邦的精英化路线，注重团队质量，不追求数量。公司的培训体系为她的团队提供支撑，入职半年以上、成绩优异并且有团队发展意愿的新人都会享受进阶培训，帮助他们提升团队组建和管理的技能。她的团队也从 14 人发展到 60 多人，其中包括大学教师、传媒行业、设计和私营业主等来自各个领域的精英，其中一半人有硕士或者博士学历。随着保险市场大环境持续向好，友邦保险推出诸多人才培育计划，大幅提高市场竞争优势，经过几年的发展，薛女士的团队开启了"井喷"模式，吸引了更多期待转变的人加入友邦保险，薛女士也实现了她的创业梦。

现在的保险业正处在风口期，未来很长一段时间仍将高速发展，这是一个借势发展获得成功的良好契机。阿里巴巴、腾讯这样的互联网企业巨头，也趁势抓住保险行业发展的机遇，纷纷入股和收购保险公司。阿里巴巴积极涉足保险行业，先后成立了众安保险、信美相互人寿、国泰产险、蚂蚁保保险代理等公司，收购万通保险亚洲有限公司，不断扩大保险的事业版图。腾讯参与设立了众安保险、和泰人寿、英杰华人寿，成立微民保险代理，控股腾诺保险经纪公司，涉及财险、寿险、互联网保险平台，俨然编织了一张保险的大网。毫无疑问，马云和马化腾是非常富有远见的人，他们布局保险业，不断扩大保险的事业版图，无疑看准了保险在未来是前景大好的朝阳行业，是一个可以获得丰厚回报的行业。

互联网企业巨头纷纷入股和收购保险公司，需要的资金动辄数亿，对于普通人来说，做不到开办保险公司，但是可以加入保险行业，选择友邦这样容易获得成功的优质创业平台，在相关培训和公司平台资源的支持下，成为一个有成就的保险家不是一件难事。

敢想，敢为，有梦想，是迈向成功的第一步。你的一个选择，你的每次努力，就会改变你的人生。友邦在世纪机遇面前，以不变的爱和坚守，引领更好的未来——致力于打造容易成功的创业平台，培养卓越营销员、卓越主管，孵化保险企业家。友邦平台助力所有有梦想的人，与整个团队同步成长，勇敢去拥抱时代变化带来的机遇。

在保险行业高速发展的伟大机会面前，搭上这趟最快成长的列车，是不容错过的改变命运的绝佳机会。因此，趁早去拥抱未来、趁早规划职业发展、趁早拥抱优质平台，趁早享受行业的红利。

附 录

友邦保险大事记

1919年   友邦保险的创办人史戴先生在上海创立一家保险代理公司。

1931年   友邦保险的前身，国际保险有限公司（INTASCO）正式成立，并在香港注册，同年在上海外滩17号正式对外营业。

1940年   因资助并声援中国抗日活动被日本通缉，史戴远走美国避难，友邦中国业务关闭。

1945年   友邦保险在上海复业。

1948年   国际保险有限公司将总部迁至香港。国际保险有限公司改名为美国友邦保险有限公司（AIA）。

附录：友邦保险大事记

1992年 — 友邦保险重回上海，在上海设立分公司，成为首家获发人寿和非人寿业务营业执照的非本土保险机构。

1993年 — 友邦保险率先将营销员制度引入中国，该制度后来被本土和合资保险机构广泛采用，成为中国市场主要的营销渠道。

1994年 — 友邦保险设立友邦—复旦（复旦大学）精算中心。

1995年 — 友邦保险广东分公司成立，成为首家进入广东省的外资保险机构。

1996年 — 友邦香港成为全球第一家全线所有产品均通过SGS（瑞士通用公证集团）的ISO9002:1994质量认证的人寿保险机构。

1998年 — 友邦保险正式迁回上海外滩中山东一路17号的友邦大厦，成为第一家回归外滩出生地的金融机构。

走进友邦

1999年
友邦保险上海分公司成为国内保险业中率先通过ISO9002质量体系认证的寿险公司。
友邦保险深圳分公司及佛山支公司成立。
友邦保险设立友邦—中科大（中国科学技术大学）精算中心。

2000年
友邦保险设立友邦—中大（中山大学）精算中心。

2002年
友邦保险拓展至北京、苏州、东莞和江门。
友邦保险设立友邦—北大（北京大学）精算中心。

2005年
友邦保险经投票荣获"2005年中国最具影响力跨国企业"称号，是20家获奖企业中唯一的保险企业。

2006年
友邦保险获监管机构批准全面在广东和江苏开展业务。
友邦保险中国获监管机构批准在中国开展团体保险业务。

附录：友邦保险大事记

2007年 — 友邦保险成为首家获得QDII（合格境内机构投资者）资格的外资保险机构。

2008年 — 友邦保险打破同业纪录，成为香港拥有人数最多"百万圆桌会议"合格营销员的寿险公司。

2010年 — 美国国际集团（AIG）出售其在友邦保险的股权，并淡出友邦的管理。完成IPO后，友邦保险成为一家独立企业。

友邦保险控股有限公司成功于香港联合交易所主板上市，是当时全球第三大IPO。

2011年 — 友邦保险成为香港恒生指数成分股之一。

友邦保险中国区电话营商中心由行业权威机构客户世界颁发"中国最佳呼叫中心"奖项，同时被评为"2011年年度保险公司"。

走进友邦

2012年

友邦保险收购ING（荷兰国际集团）在马来西亚的保险业务。

友邦保险完成对AVIVA NDB（英杰华斯里兰卡）在斯里兰卡业务的收购。

2013年

广东南海的友邦金融中心隆重开业。友邦佛山支公司、友邦服务热线中心及后台业务处理中心均迁入友邦金融中心。

2014年

友邦保险与托特纳姆热刺足球俱乐部签订五年重要伙伴协议。

友邦保险与花旗银行宣布在中国开展独家合作。

2015年

友邦保险对外公布，截至2015年5月6日，友邦保险成为"百万圆桌会"会员的代理人有3752名，友邦保险跃升成为"百万圆桌会"排名榜首的公司。

附录：友邦保险大事记

2017年

友邦中国推出首个"健康'友'行"个人移动健康管理平台，让友邦保险完成从"保障专家"到"健康管理伙伴"的服务角色升级。

全球著名运动巨星大卫·贝克汉姆出任友邦保险全球大使。

友邦保险集团2015-2017年三度蝉联百万圆桌会会员人数排名全球第一，成为全球唯一连续三年"百万圆桌会"会员人数排名全球第一的公司。

2018年

友邦保险与微医达成长期战略伙伴协议，整合优质医疗资源，实践"全程健康'友'保障"。

2019年

2019年是友邦保险成立100周年，友邦保险为100周年发起100RUN活动，分别在北京、上海、深圳、江苏和广东举行。

友邦保险在促进京津冀保险业协同发展的相关政策指引下，获批在天津市和河北省石家庄市开设营销服务部。